U0945154

守护公平

——法律援助案例选

上海市徐汇区法律援助中心 编

文匯出版社

图书在版编目（CIP）数据

守护公平——法律援助案例选：上海市徐汇区法律援助中心编.——上海：文汇出版社，2013.1

ISBN 978-7-5496-0750-1

Ⅰ.①守… Ⅱ.①上… Ⅲ.①法律援助－案例－汇编－徐汇区
Ⅳ.①D927.513.605

中国版本图书馆 CIP 数据核字 (2012)第268024号

守护公平——法律援助案例选

编　　者 上海市徐汇区法律援助中心
责任编辑 朱耀华
特约编辑 葛珊南　甫跃辉
装帧设计 张志全

出版发行 文匯出版社
上海市威海路755号
（邮政编码200041）

照排 南京理工出版信息技术有限公司
印刷装订 上海译文印刷厂
版次 2013年1月第1版
印次 2013年1月第1次印刷
开本 890×1240 1/32
字数 100千
印张 7.25
印数 1-4100

ISBN 978-7-5496-0750-1
定价 29.00元

主　编：徐文泉

副主编：朱志忠　杨　波

编　委：方　艳　马纪云　徐雪英

刘淑兰　钱　谧　曹　丽

韩旻霞　王　倩　周　艳

赠：徐汇区法律援助中心
为人民服务
替百姓解忧
胡雪平
二零一二年二月十号

赠：徐汇区法律援助中心
无私援助
雪中送炭
张韬 陈刚 徐黎明
二〇一二年七月

徐汇区法律援助中心
真诚感谢
无私帮助
赠送人苏伊士
二〇一一年十二月

赠
上海市徐汇区法律援助中心
嘉钰律师事务所赖小俊律师
无私援助献真情
为民解忧暖人心
受助人汪新端
二〇一二年八月

徐汇区法律援助中心这几年收到受援人送来的锦旗有六十面

部分感谢信

锦旗相册

荣誉证书

上海市徐汇区法律援助中心

荣记司法行政系统集体三等功一次。

特颁此证，以资鼓励。

上海市司法局

二〇一一年一月

徐汇区司法局党委书记、局长徐文泉（左）向区法律援助中心授予荣誉证书并表示祝贺

证 书

上海市徐汇区司法局：

被确定为2010-2012年度司法部法律援助工作联系点。

司法部法律援助工作司

二〇一〇年七月

被司法部法律援助工作司确定为上海唯一的工作联系点

授予：上海市徐汇区法律援助中心

工人先锋号

荣誉称号。

第 01203 号

上海市总工会

二00九年七月

荣誉证书

命名 上海市徐汇区法律援助中心

为二OO九～二O一O年度

上海市文明单位。

特发此证。

上海市人民政府

二O一一年三月

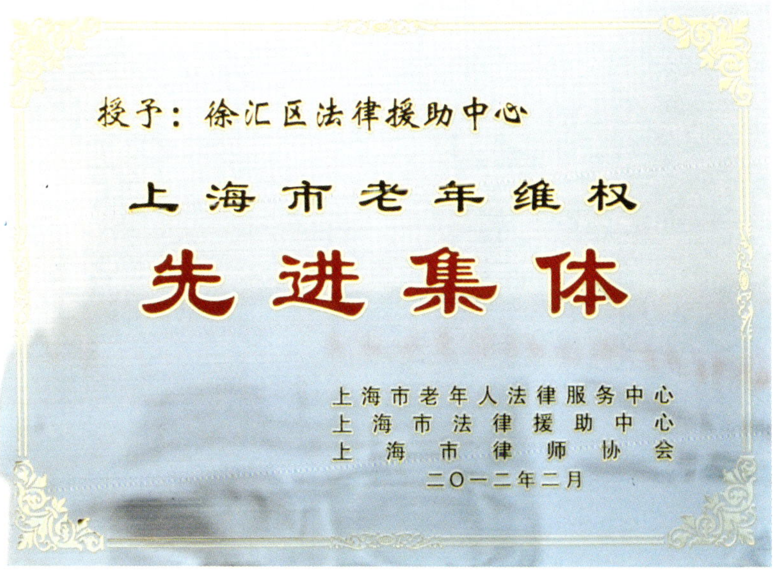

授予：徐汇区法律援助中心

上海市老年维权

先进集体

上海市老年人法律服务中心
上海市法律援助中心
上海市律师协会
二〇一二年二月

文明单位

Model Unit

上海市人民政府颁发

Issued by
Shanghai Municipality

法律援助指导团资深律师欧阳润（左）与受援人

法律援助骨干律师叶竹影（前排右三）与受援人

徐汇区法律援助中心受法院委托代发受援人的工资报酬

在劳资纠纷案的庭审中，法律援助律师一遍又一遍计算核实受援人应得的劳动报酬，最大限度地维护困难群体的合法权益

受援老人送锦旗给法律援助律师於传宏（右三）

结案后徐汇区法律援助中心人员与援助律师一起回访受援人

徐汇区法律援助中心人员与援助律师为行动不便的老人提供上门服务

节日前夕，徐汇区法律援助中心人员和援助律师为经济困难的老人送上一份问候和祝福

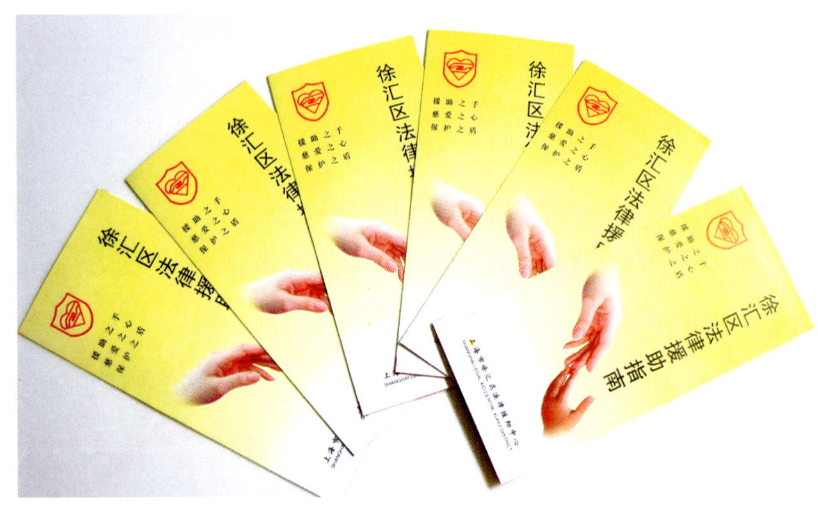

法律援助宣传资料

序言

法律援助是维护困难群众合法权益，保障社会公平正义的一项重要法律制度，是中国特色社会主义司法制度的重要组成部分。法律援助作为政府责任，在社会生活中承担着为人民群众解疑释惑、为困难群众提供免费法律服务、为党和政府报告社会舆情动态并参与化解社会矛盾的重要职责，事关国家长治久安，事关社会和谐稳定，事关人民群众切身利益，是重要的“民生工程”、“民心工程”。

2003 年《法律援助条例》颁布实施以来，我国逐步扩大法律援助覆盖面，建立健全经费保障机制，法律援助惠及了越来越多的困难群众。上海是全国最早开展法律援助工作的城市之一，1995 年浦东新区法律援助中心成立，2001 年在全国率先将法律援助机构建设列入市政府实事工程项目，2006 年市人大常委会审议通过《上海市法律援助若干规定》，为上海法律援助事业的发展奠定了良好基础。近年来，通过完善四级法律援助工作体系、调整

“三项标准”工作、推出“零距离服务”便民举措等，推动法律援助工作迈上了新台阶。

近年来，徐汇区司法局围绕中心、服务大局，紧紧扣住“坚持科学发展，努力推进上海司法行政工作走在全国前列”的大目标，紧密结合自身工作实际，下工夫、求实效，有创新、求突破，积极采取措施推进各项工作求质量、上水平，取得明显成效，在市司法局组织开展的对区县司法行政工作的考核中，各方面工作始终居于全市前列。

徐汇区法律援助中心、广大律师等法律援助工作者坚持把便民利民作为出发点和落脚点，认真贯彻《法律援助条例》和《上海市法律援助若干规定》，兢兢业业、尽职尽责，无私付出、默默奉献，扶贫济弱、伸张正义，全天候提供法律咨询、优质高效办理法律援助案件，有力地维护了困难群众的合法权益，在党和政府同人民群众之间架起了一座“连心桥”。“十一五”期间接待群众来电、来访咨询69266人次，办理法律援助案件5108起，为受援人追回劳动报酬及各类经济补偿金1931万元，收到受援人送来的锦旗60面。

每一面锦旗背后都有一个感人的故事。本书遴选的40个案例就是这些故事中的典型，涉及婚姻家庭、劳动争议、损害赔偿和刑事等四个方面，涵盖了法律援助案件的主要类型。每个案例又由“案情回放”、“案件评析”、“律师支招”、“法律链接”四个板块组成。通过以案释法、释法明理、寄情于法，一方面，让广大群众对法律援助工作有进一步的了解，激发社会各界关心、支持、参与法律援助工作的热情；另一方面，也有利于法律援助工作者学习借鉴，提高业务能力和办案水平，为群众提供更加便捷高效的法律服务，充分发挥法律援助作为“民生工程”和“民心工程”的重要作用。

是为序。

吴军营

2012年10月18日

目　录

婚姻家庭篇

劳动争议篇

损害赔偿篇

刑事篇

◦ 婚姻家庭篇 ◦

“锦旗”内容摘录：

“为民解难　尽心尽责”

“心系百姓　排忧解难　满腔热情　分文不取”

“公正扶弱　为民解忧”

“弱势群体的福星　匡扶正义的功臣”

“真心援助　情暖人间”

巧借名目骗房产　老人受援夺回权

虽说不是亲生的第三代，但她从3岁起就入住方家，方老先生对这位继孙女可谓视如己出、信任有加，没料想她却以“出国留学需要经济担保为由”给老人设局，将原本老人的房产占为己有。

·案情回放·

82岁的方老伯原先与儿子、媳妇、继孙女一家老小居住在其名下的一套房子内。2006年起，为改善家人居住条件，方老伯自愿入住社会福利院，把房子留给儿子一家居住，以自己的退休金来支付福利院的各项费用。安稳日子就这样过了三年。

2009年1月，继孙女来福利院找方老伯，称其出国留学需要担保，问方老伯能否以其名下那套房屋作抵押，协助其办理留学手续，三个月后就归还房屋。方老伯念及继孙女虽非亲生，但其自幼便入住方家，多年的共同生活早已不分彼此，于是不假思索就同意了。之后，方老伯与继孙女一起办理了各种手续，签署了各项文件。老人年事已高，视力弱，又几近失聪。在未弄清文件的性质、用途的情况下他就签上了自己的名字，以为帮继孙女办妥了“出国留学”的手续。

2009年6月，方老伯长期居住在宁波的女儿想回上海，需要办理居住证，向方老伯借户口簿、房产证时发现房产证上的名字已不是父亲，而是继孙女的名字。问及此事，方老伯说是继孙女将房子借去三个月，到时候就会还的。方老伯的女儿立即找到继孙女，表示时间已过了三个月，请她归还房屋、变更所有权人名字。此时的继孙女虽承认“借过”房子，但拒不归还。方老伯得知后伤心不已，本来自己是为了家人才住到养老院，没想到继孙女却设局把他“扫地出门”，这可如何是好！万般无奈之下，方老伯找到了上海市徐汇区法律援助中心，希望通过法律的手段追回自己失去的财产。

寻求法律帮助时，方老伯还出示了社会福利院的入住协议书和福利院出具的老人经济状况证明。法援中心考虑到方老伯年事已高，根据福利院的说明，他患有心脏病、高血压、糖尿病等疾病，高额的医药费及福利院的费用对于仅有退休金的老人来说入不敷出，生活有实际困难。请示领导后法援中心决定以“与居住权相关的权利”为由，为方老伯提供法律援助，指派上海润言律师事务所杨军律师承办本案。

庭审中，方老伯的继孙女拒绝接受归还房屋一说，表示这是方老伯以60万元人民币卖给自己的。所有文件签名均为方老伯亲笔书写，司法鉴定显示其神志清楚、具有完全民事行为能力。杨律师抓住60万元从未支付过，以及订立合同时有重大误解等要害与被告展开辩驳，着力化解案件中对方老伯不利的因素。

法院最终判决撤销原告方老伯与被告签署的买卖合同，判令被告在判决生效后10日内原告配合办理房屋产权过户手续，过户费用由方老伯承担。法援中心及时跟踪案件进程，配合援助律师做好各项工作，最终维护了老年人的合法权益。这一涉及老年人维权的典型案件引起了上海电视台《案件聚焦》栏目的重视，不仅拍摄了庭审过程，还到徐汇区法援中心深入了解案情，并且在电视台进行了播放。

· 案件评析 ·

民事法律行为是公民或者法人设立、变更、终止民事权利和民事义务的合法行为。民事行为只要实施，就具有法律效力，除非行为人有重大误解，导致非真实的意思表示，可由行为人请求人民法院予以变更或者撤销。构成重大误解的民事行为应当具备以下条件：当事人对民事行为的内容有错误认识；行为后果造成了行为人较大的损失。

虽然本案原、被告签订的是房屋买卖合同，但是没有约定价款支付时间、支付方式，基于原、被告间特殊的亲属关系及被告未支付转让价款并实际占有标的物的事实，其性质是赠与合同关系。法院根据原、被告提供的证据，结合老年人的生理状况特点综合判断，认定原告签订合同时的内心意思是出借房产证而非赠与被告房屋产权，原告基于错误认识与被告签订了房屋买卖合同。考虑到系争房屋是老年人的唯一居所，原、被告签订买卖合同的行为造成原告较大的损失，从保护老年人安居生活的角度出发，法院支持了原告要求撤销买卖合同的请求。

法律规定合同被撤销后，因该合同取得的财产应当予以返还，有过错的一方应当赔偿对方因此所受到的损失，双方都有过错的，各自承担相应的责任。原告虽系老年人，但作为完全行为能力人，签订合同的作出错误意思表示，是行为人自己的过失导致，因此，返还系争房屋发生的过户费用，法院判由原告自行承担。

· 律师支招 ·

房屋是人们避风遮雨的居住之地，通常是人们重要的财产之一，来不得半点马虎。本案中，方老伯的做法有很大法律风险，因为房产一经过户，就意味着权利人的变更，而房屋权利凭证是诉讼中具有很强证明力的证据。所幸的是我国法律明确规定，行为人对行为内容有重大误解的，显失公平的，一方有权请求法院变更或者撤销。本案法官明察秋毫，坚持以事实为依据，总算为老人保住了本属于他的房产。但是，本案件折射出的亲情失落值得反思。老年人在遇到与房屋有关的事情时，一定要事先想好行为的后果，如果自己对于风险不能断定，可以征求子女的意见，还可以到街道司法所、律师事务所或者法援中心求教，在对风险有了充分的认知之后，再做决定。

· 法律链接 ·

《中华人民共和国合同法》

第五十四条　下列合同，当事人一方有权请求人民法院或者仲裁机构变更或者撤销：

（一）因重大误解订立的；

（二）在订立合同时显失公平的。

一方以欺诈、胁迫的手段或者乘人之危，使对方在违背真实意思的情况下订立的合同，受损害方有权请求人民法院或者仲裁机构变更或者撤销。

当事人请求变更的，人民法院或者仲裁机构不得撤销。

第五十八条　合同无效或者被撤销后，因该合同取得的财产，应当予以返还；不能返还或者没有必要返还的，应当折价补偿。有过错的一方应当赔偿对方因此所受到的损失，双方都有过错的，应当各自承担相应的责任。

受家暴起诉离婚　靠法律重获新生

妻子袁某是无业人员且长期遭受家庭暴力，丈夫许某拈花惹草，有家不回。外来媳妇袁某对这段婚姻越来越绝望，举目无亲的她来到上海市徐汇区法律援助中心请求帮助，她能如愿吗？

· 案情回放 ·

袁某系外地来沪务工人员，1997年与许某相知相恋，2001年登记结婚。婚后不久，袁某发现丈夫在外拈花惹草，长时间不回家，两人为此发生争执，许某对袁某大打出手，多次惊动当地派出所。2005年起，袁某曾多次求助妇联调解，但是效果不明显。长期的家庭暴力使袁某对这段婚姻越来越绝望，2006年的一天，袁某来到上海市徐汇区法律援助中心向律师咨询离婚的相关事宜。鉴于袁某无业且长期遭受家庭暴力，法援中心决定给予法律援助。指派了上海市达辰律师事务所办案经验丰富的叶竹影律师为袁某提供法律援助。

叶律师对袁某的遭遇深感同情。鉴于婚姻家庭关系的特殊性，叶律师接受指派后没有急于为袁某提出离婚诉讼，而是先仔细了解袁某的基本生活情况。原来，袁某结婚以后就没再工作，一心在家操持家务，相夫教子。安逸的生活因为丈夫的出轨被打破，为不影响儿子的成长，袁某对此事一直隐忍，但丈夫却愈来愈变本加厉，常常半年不回一次家，每次回家都对袁某拳脚相向，双方的婚姻状况持续恶化。袁某在儿子面前强颜欢笑，心里的苦却无处诉说。叶律师发现，长时间操持家务与外界接触甚少的袁某生活圈子很窄，加之受到传统封建思想的禁锢，她虽遭丈夫家庭暴力摧残，却不知道如何保护自己。叶律师对袁某进行了开导：在家庭生活中妇女虽然是弱势一方，但国家一直非常注重对妇女的保护，当自身权益受到侵害时，妇女要学会拿起法律武器保护自己。

得知袁某曾去妇联调解，叶律师来到妇联了解袁某夫妻当时在此调解的情况。妇联人员详细描述了当时调解的经过，虽然袁某夫妻达成了和解协议，但男方在签字的时候还是表现出了些许犹豫，调解后也不见效果。

叶律师对该案进行评估后，觉得双方再次调解的可能性不大，且袁某也表示不愿意面对丈夫，以免再次受到精神和生理上的伤害，于是叶律师代理袁某向法院提起了离婚诉讼。庭审过程中，许某对袁某的控诉逐一否认，使得袁某的情绪一度失控，法庭调解陷入僵局。最终，面对律师提供的人证和物证，许某终于承认了自己的所作所为。经过法官劝导，他认识了自己的过错，表示愿意在法官的主持下与袁某订立协议，双方终于调解离婚。

重获新生的袁某对叶律师的工作表示感谢，她告诉律师，自己又重新看到了生活的希望。

· 案件评析 ·

我国法律虽然规定婚姻自由，但对于诉讼离婚却非常谨慎。我国婚姻法第 32 条第 2 款规定，“如感情确已破裂，调解无效，应准予离婚”。可见，“夫妻感情确已破裂”是我国离婚制度中判决离婚的法定理由，是人民法院处理离婚纠纷、决定是否准予离婚的基本原则。“调解无效”意味着调解是离婚诉讼的必经程序，能否调解和好是感情是否确已破裂的表现形式之一。

判断夫妻感情是否确已破裂，我国婚姻法列举了五种具体情形，其中包括实施家庭暴力或虐待遗弃家庭成员等。家庭暴力，是指行为人以殴打、捆绑、残害、强行限制人身自由或者其他手段，给其家庭成员的身体、精神等方面造成一定伤害后果的行为。持续性、经常性的家庭暴力，则构成虐待。因此，不能把日常生活中偶尔的打闹、争吵理解为家庭暴力。遗弃家庭成员是指对于年老、年幼、患病或者其他没有独立生活能力的人，负有扶养义务而拒绝扶养的行为。本案就是一起典型的因为家庭暴力导致夫妻离婚的案件。

· 律师支招 ·

家庭暴力发生于家庭内部，一般情况下，受害者为顾及自己面子和家庭形象往往不愿意公开。本案中的袁某文化程度低，性情过于软弱，法制观念淡薄，缺乏自我保护能力。这恐怕也是其丈夫的家庭暴力行为变本加厉、持续发生的原因之一。

目前，上海各区的街道居委会已经建立起了维权网络体系，对家庭暴力案件进行跟踪、化解。另外，我国妇女权益保障法和婚姻法等都对保护妇女权益有明确的规定。妇女同胞一旦遭受家庭暴力，可以到所在区县的街道、居委会反映情况，也可以去各区的法律援助中心问询援助事宜，通过司法途径来维权。拿起法律的武器维护自己的合法权益是广大妇女的正确抉择。

· 法律链接 ·

《中华人民共和国婚姻法》

第三十二条　男女一方要求离婚的，可由有关部门进行调解或直接向人民法院提出离婚诉讼。

人民法院审理离婚案件，应当进行调解；如感情确已破裂，调解无效，应准予离婚。

有下列情形之一，调解无效的，应准予离婚：

（一）重婚或有配偶者与他人同居的；

（二）实施家庭暴力或虐待、遗弃家庭成员的；

（三）有赌博、吸毒等恶习屡教不改的；

（四）因感情不和分居满二年的；

（五）其他导致夫妻感情破裂的情形。

一方被宣告失踪，另一方提出离婚诉讼的，应准予离婚。

童养媳高龄遭弃，有指导诉讼得胜

童养媳生儿育女操持家务，小丈夫风流潇洒处处留情。几十年过去，妻子容颜衰老，丈夫恩断义绝提出离婚。经济上完全依赖丈夫的妻子，忍气吞声也不能避免被抛弃的命运。难道她只能逆来顺受吗?

· 案情回放 ·

王某自小被当作童养媳嫁给比自己小很多的张某为妻，婚后夫妻感情和睦、相亲相爱，一晃几十年过去了。随着王某的衰老，张某对其逐渐疏远，常在外拈花惹草。王某自嫁到张家便从未外出工作，经济上完全依赖张某，面对丈夫在外风流快活，王某选择忍气吞声。2000 年，因无法忍受流言蜚语，王某以照顾女儿为由离开江苏镇江到上海，夫妻两人正式分居。2010 年，一纸来自镇江法院的传票打破了王某平静的生活，原来张某向法院正式起诉离婚。离婚？这是70岁高龄的王某从未想过的事情，想到自己把最好的青春献给张某，如今却要遭到狠心抛弃，王某又急又气，匆忙赶回镇江出庭应诉，经法院调解，双方暂不离婚。

但是，熟悉法律的人都知道，这只是暴风雨来临之前的片刻宁静，根据王某与张某的实际情况，两人分居长达十多年，符合认定双方感情破裂的法定条件。假如张某执意要求离婚，他只要在一审调解六个月后再次向法院提起诉讼，法院也只能依法判决离婚。果然，2011年，张某再次向法院要求离婚。面对一次必败的官司，王某陷入了深深的困境，她已经意识到案件正无法控制地走向败诉的方向。

家住上海市徐汇区法律援助中心原来所在地番禺路的王某偶然得知法律援助机构专为困难弱势群体提供免费法律援助，怀着最后一丝希望，他推开了上海市徐汇区法律援助中心的大门，中心工作人员协同值班律师接待了她。

听了王某的诉说，中心工作人员认为虽然老人的情况符合法律援助条件，但是她并不是徐汇区居民，且该案管辖地也不在上海，按照规定法援中心无法对其提供全程法律援助服务。刚刚燃起的希望再次破灭，绝望的王某无声地抽泣起来。面对这位可怜的老人，法援中心的工作人员和律师都由衷地希望能够帮助她，尽管王某无法通过法律援助程序委托律师，但工作人员和律师还是决定竭尽所能为其提供法律帮助。

律师对案情仔细研究发现，王某虽然户籍地是镇江，但其在上海市长宁区连续居住已满一年，应认定该地址为其经常居住地。这意味着根据案件管辖原告就被告的原则，本案的管辖法院应当为上海市长宁区人民法院，而非镇江当地法院。在取得王某经常居住地证明文件后，律师为其起草了一份管辖权异议申请书向镇江法院提出了管辖权异议。经过审查，镇江法院作出了将本案移送上海市长宁区人民法院管辖的裁定。案件移送上海，意味着张某必须到上海诉讼，长途跋涉不说，仅仅上海亲戚朋友的舆论就可能让张某倍感压力。于是，张某就镇江法院的裁定向镇江市中级人民法院提起上诉，要求撤销裁定，确认镇江法院对本案有管辖权。得知张某上诉后，王某忧心忡忡，尽管区法援中心工作人员和律师一再安慰，王某还是焦虑不安，直到镇江市中级人民法院维持原裁定的终审裁定书送达后，她才完全放心。

通过管辖权异议审理程序，王某与张某在镇江、上海两地的亲戚都得知了张某起诉离婚一事。他们都不赞成张某的决定，齐心协力一致劝和，这些“关怀”让张某深感压力，使其不敢也不愿意到上海参与诉讼。万般无奈之下，张某只得请其律师到上海代为应诉，自己则躲在镇江老家。

由于王某不具有申请法律援助的资格，法援中心的律师无法代为出庭，但律师根据案情为王某起草了答辩意见书，指导其从夫妻感情没有破裂和张某未亲自出庭不符合法律规定两方面进行阐述。王某听从了律师的指导与建议，法院采纳了王某的意见，通知张某如果其本人无正当理由不到庭参与诉讼，法院将按撤诉处理。

数天后，张某迫于良心的谴责，向法院打电话请求撤诉。得知这一消息，王某兴奋得立即打电话给律师说：“真想不到两次离婚差异如此之大。上一次离婚，我跑回镇江，花了许多钱，也没有让张某回心转意。这一次离婚，一分钱没花，却赢了……感谢区法援中心对我的帮助，明天我要来送锦旗。”

· 案例评析 ·

本案是一起离婚纠纷案例，其中有两个法律点，即确定案件管辖法院和离婚案件对当事人出庭的特殊规定。

除特殊情况外，一般案件的地域管辖都遵循“原告就被告”的原则，即由被告住所地人民法院管辖，住所地通常是指户籍所在地。但是，由于人口的流动性，常会出现住所地与实际居住地不一致的情况，因此法律规定被告住所地与经常居住地不一致的，由经常居住地人民法院管辖。公民的经常居住地是指公民离开住所地至起诉时已连续居住一年以上的地方，但公民住院就医的地方除外。本案中，王某自2000年开始就一直居住在上海，且有所住街道开具的居住证明，由此可以断定上海长宁区应为其经常居住地。因此张某起诉离婚，应当在王某上海居住地所辖法院起诉。

一般情况下，民事诉讼当事人只要全权委托了诉讼代理人，可以不出庭，这是当事人委托代理人的原因之一，也是法律设立诉讼代理制度的目的所在。但是，对于一些特殊情况或案件，当事人即使委托了诉讼代理人也必须自行出庭。《中华人民共和国民事诉讼法》明确规定，离婚案件有诉讼代理人的，本人除不能表达意志的，仍应出庭；确因特殊情况无法出庭的，必须向人民法院提交书面意见。这是因为离婚案件涉及身份关系，具有与其他案件不同的特点，在离婚案件中，离婚与否，取决于双方当事人感情是否确已破裂，而感情问题是微妙复杂的，只有在双方当事人均出庭的情况下，才便于审判人员对此做出判断。本案中，王某虽已委托了诉讼代理人，但根据法律仍然应当出庭，其若没有法定理由又拒不到庭的，法院可按撤诉处理。

· 律师支招 ·

诉权是法律赋予当事人进行诉讼的基本权利，是其请求国家法律维护自己合法权益的权利。“打官司”一说体现了诉讼的对抗性，所以除了案件的事实必须经得起对方当事人的质证，案件的立案、举证、出庭等诉讼程序也不得马虎。当事人应当按照法律的规定行使诉权，否则将承担由此造成的不利法律后果。甚至在出现某种法定情形时，法院可以做出原告按撤诉处理的决定，从而产生终结诉讼程序的法律后果。

· 法律链接 ·

《中华人民共和国民事诉讼法》

第二十二条　对公民提起的民事诉讼，由被告住所地人民法院管辖；被告住所地与经常居住地不一致的，由经常居住地人民法院管辖。

对法人或者其他组织提起的民事诉讼，由被告住所地人民法院管辖。

同一诉讼的几个被告住所地、经常居住地在两个以上人民法院辖区的，各该人民法院都有管辖权。

第六十二条　离婚案件有诉讼代理人的，本人除不能表达意志的以外，仍应出庭；确因特殊情况无法出庭的，必须向人民法院提交书面意见。

《最高人民法院关于适用〈中华人民共和国民事诉讼法〉若干问题的意见》

5. 公民的经常居住地是指公民离开住所地至起诉时已连续居住一年以上的地方，但公民住院就医的地方除外。

法院两审令人欢　花甲老人得遗产

花甲老人要继承父亲的遗产，耄耋之年的继母不同意。于是，高龄老人之间爆发了一场讼战。老年人的固执转化为诉讼中的韧性，经历了两审诉讼之后，案件终于有了说法。

· 案情回放 ·

一天，上海市徐汇区法律援助中心来了一位年过花甲的老人王某。他激动地向工作人员陈述，他与周某是继母子关系，父亲已于2001年过世。2003年，周某将其父房屋出售获得价款32万元。得知继母处分房屋的行为，王某遂以有权继承父亲遗产为由，要求周某返还自己应得份额，却遭到了周某拒绝。无奈之下，王某只好向徐汇区法援中心寻求帮助。

徐汇区法援中心接到王某的法律援助申请后，考虑到本案是高龄老人间的诉讼，同时王某还是困难低保对象，就指派了上海世理律师事务所的周松泉律师办理此案。

周律师认为，这毕竟是家庭内部矛盾，如果能用调解的方式解决纠纷，既能达到维权的目的，又不至于使家庭矛盾激化，对双方当事人都有利。周律师也很清楚，这笔遗产直接关系到经济困难的王某以后的生活问题。于是周律师一方面积极收集相关证据，到所属居委和派出所调取相关的调解记录；另一方面请街道有关人员出面与对方当事人沟通，希望双方看在亲情的份上坐下来协商解决，避免为遗产而伤害双方的感情。不料，一次次地上门工作，一次次地耐心劝解，未能消除双方的怨恨。

调解失败后，王某选择了以诉讼的方来维权。于是，这场法定继承纠纷案正式进入了司法程序。在庭审过程中，被告周某答辩称，系争房屋为夫妻共同财产，丈夫早在1988年给自己的书信中就明确表示剥夺与前妻所生子女和孙子女的继承权。另外，原告王某长期虐待自己和丈夫，没有尽到赡养义务。虽然系争房屋出售合同价款为32万元，但实际出售价格是20万元，且这20万元已用于偿还丈夫在美国的债务，现在丈夫名下实际已无遗产。故请求驳回原告的诉请。

法院审理后认为，对被继承人所遗留的房产，王某和周某作为其合法继承人均有继承权。对于周某提出的丈夫有遗嘱、生前有债务、房屋出售款仅为20万元三点答辩理由，经审理查明书信不具备遗嘱的形式要件，且内容不明确，法院不予采纳；被告周某提出其丈夫有债务且债务已超过卖房所得款，因周某没有举证其丈夫写的借条，仅有他人的证明，无法证明借款事实的存在，法院亦不予采纳；周某提出系争房屋实际出售价格为20万元，虽然有购买人的证人证言，但原告提供上海市房地产销售统一发票证明系争房屋实际出售款为32万元，根据证据规则，房地产销售发票的效力高于证人证言。根据相关法规，法院作出判决，判令周某向王某支付其应继承份额。

判决后，周某不服，向上海市第一中级人民法院提起上诉。上诉称，系争房屋系周某婚前所得，应为周某个人财产而非夫妻共同财产，原审判决认定其中一半的权利为丈夫的遗产有误；另外，原审法院按32万元分割系争房屋和对债务不予认定均有错误，故请求撤销原判，驳回王某的起诉请求。

中级法院认为，婚姻法规定由一方婚前承租、婚后共同财产购买的房屋，房屋权属证书登记在一方名下的，应当认定为夫妻共同财产。本案系争房屋系周某与丈夫婚后购买，对该事实双方均无异议。故原审法院将该房屋中的一半权利认定为被继承人的遗产，并无不当。上诉人周某上诉认为，系争房屋为其个人财产，其丈夫对该房屋没有权利，丈夫死亡后，其子女没有继承的权利主张，于法相悖，不予支持。至于系争房屋出售款一节，根据房屋买卖合同及销售发票，足以证明该房屋以32万元成交，现上诉人认为实际仅支付20万元并已全部偿还在美国所借之债务，缺乏依据，不予采信。驳回上诉，维持原判。

通过法律援助的帮助，王某终于用法律的武器维护了自己的合法权益。

·案件评析·

遗嘱是指遗嘱人生前在法律允许的范围内，按照法律规定的方式对其遗产或其他事务所作的个人处分，并于遗嘱人死亡时发生效力的法律行为。公民可以依照法律规定立遗嘱处分个人财产，并可以指定遗嘱执行人。

法定遗嘱形式共有五种：公证遗嘱、自书遗嘱、代书遗嘱、录音遗嘱、口头遗嘱。有效的遗嘱不仅要具有合法的形式要件，同时应当具备如下实质要件：(1) 立遗嘱人必须具有完全的行为能力，无行为能力人或限制行为能力人所立遗嘱无效。(2) 遗嘱必须是遗嘱人的真实意思表示，受胁迫、欺骗所立的遗嘱无效。(3) 遗嘱内容不得违反社会公德和公共利益。(4) 遗嘱只能处分遗嘱人的个人合法财产，处分了属于国家、集体或他人所有的财产的无效。(5) 遗嘱不得取消缺乏劳动能力又没有生活来源的继承人的继承权。

本案中，周某丈夫生前虽然在书信中提到过其子女继承权的问题，但从上述分析不难看出，其书信不具备自书遗嘱的形式要件，故未能得到法院认可。

· 律师支招 ·

遗嘱的订立有其严格的形式要件和实质要件，有一项不满足都可能导致无效。

从遗嘱的形式要件看，公证遗嘱具有最高的效力。因此在条件允许的情况下，立遗嘱人最好采取此种方式。

从遗嘱的实质要件看，特别需要注意的是遗嘱人只能处分其个人合法财产。在现实生活中，常见到丈夫立遗嘱不经妻子同意便处分了全部夫妻财产。如果立遗嘱人处分了他人财产，则可能导致遗嘱部分或全部无效。

·法律链接·

《中华人民共和国继承法》

第十七条　公证遗嘱由遗嘱人经公证机关办理。

自书遗嘱由遗嘱人亲笔书写、签名，注明年、月、日。

代书遗嘱应当有两个以上见证人在场见证，由其中一人代书，注明年、月、日，并由代书人、其他见证人和遗嘱人签名。

以录音形式立的遗嘱，应当有两个以上见证人在场见证。

遗嘱人在危急情况下，可以立口头遗嘱。口头遗嘱应当有两个以上见证人在场见证。危急情况解除后，遗嘱人能够用书面或者录音形式立遗嘱的，所立的口头遗嘱无效。

第十八条　下列人员不能作为遗嘱见证人：

（一）无行为能力人、限制行为能力人；

（二）继承人、受遗赠人；

（三）与继承人、受遗赠人有利害关系的人。

第十九条　遗嘱应当对缺乏劳动能力又没有生活来源的继承人保留必要的遗产份额。

念旧情引郎入室　怨相报被判迁出

鹊巢鸠占不仅仅是个成语，也常是现实生活中的真实写照。亲人间的照顾最后演变成拳脚相加，引“郎”入室，“请神容易送神难”，于是，一场最亲近的人们之间的诉讼拉开了帷幕……

· 案情回放 ·

2006年7月的一天，上海市徐汇区法律援助中心接待大厅进来一对母女。女儿身上伤痕累累，母亲支某无助地向接待人员诉说女儿遭到父亲的暴力对待，请求政府主持公道。

事情的起因要追溯到二十多年前。1985年，支某与陆某组成了一个再婚家庭，婚后育有一女。1998年，两人诉讼离婚，双方达成离婚调解协议，并对双方共同财产进行了分割。根据当时的约定，位于本市某区的两套房屋系支某婚前动迁分配使用房，故离婚后仍归支某所有。2001年，陆某因家庭变故无房可住，便请求暂住到前妻支某家中。支某顾念旧情，遂同意了陆某的请求。

同住期间，由于生活习惯不同等原因，陆某经常与女儿发生矛盾。2006 年某天，陆某为了一些生活琐事再次与女儿发生冲突，继而对女儿大打出手，给女儿的身心造成了严重的伤害。为了确保女儿今后的安全及健康，忍无可忍的支某要求陆某迁出该房，却遭到陆某的拒绝。当地的居委、社区民警、司法所人员等为此多次做工作，均无果。迫于无奈，支某想到了法律援助，于是就出现了本文开头的一幕。

经审核支某符合法律援助对象范围，法援中心遂指派了上海市华夏律师事务所叶竹影律师承办此案。很快，支某和女儿作为原告，一纸诉状将陆某告上法院，请求判令陆某迁出所住房屋。庭审过程中，陆某答辩称，当年和支某是假离婚，所谓支某婚前分配的两套使用房实际上是夫妻共同财产，自己也是权利人之一，故不同意搬离。法院经审理查明，支某和陆某经法院调解离婚，对系争房屋的处分也是双方当事人真实的意思表示，民事调解书系生效文书，且双方均以多种方式实际履行了协议内容，故被告的抗辩不成立。现支某和其女儿作为系争房屋的产权人，有权行使相关权利，故判令陆某迁出系争房屋。一起困扰母女二人的烦心事在法律援助的帮助下，终于得到了妥善解决。

· 案件评析 ·

男女双方自愿离婚的，应当对子女抚养、财产处理、债务处理等问题达成协议，并制作离婚协议书，由双方当事人签名。经法院或婚姻登记管理部门认可的离婚协议书，具有法定效力。离婚协议中关于财产分割的条款或者当事人因离婚就财产分割达成的协议，对男女双方具有法律约束力。

夫妻双方登记离婚时达成的离婚协议约定房屋等归属的，如果一方认为订立分割协议时存在欺诈、胁迫等情形的，可以在协议登记离婚后一年内向人民法院起诉请求变更或者撤销财产分割协议，否则房屋等财产将按离婚协议约定执行，不得违反。

根据离婚协议书取得房屋所有权的一方当事人对自己的不动产享有占有、使用、收益和处分的权利，该物权受到法律保护，任何单位和个人不得侵犯。

双方在法院离婚时达成的离婚协议中确定的房屋财产等的归属被法院的调解书固定与认可，有最终的法律效力，应当执行，不得违反。

本案中，支某和陆某在离婚时已对系争房屋的归属有了约定且被法院的生效调解书所确认，故应认定支某是系争房屋合法的所有权人。陆某虽然是支某的前夫，但对系争房屋不再享有任何权利。因此，支某有权行使所有权人的权利，要求陆某搬离系争房屋。

· 律师支招 ·

经过法院或婚姻登记管理部门认可的离婚协议书，双方当事人应当遵照执行。因此，签订离婚协议时应当权衡利弊、保持理智。

离婚协议内容不要过于简单，条款的约定不能过于宽泛。比如离婚协议约定，“财产已分割完毕，双方对此无异议”，但在实际分割时，这样的约定往往在执行中由于有哪些财产、如何进行分割没在协议中明确约定，在双方不能协商一致情况下，易产生新的纠纷。

另外，如果一方不能完全了解对方的全部财产状况，在离婚协议中最好不要约定类似“男女双方名下的其他财产归各自所有”或“男女双方无其他财产争议”的条款，以避免丧失离婚后再次起诉分割对方隐匿的财产的机会。

· 法律链接 ·

《中华人民共和国物权法》

第四条　国家、集体、私人的物权和其他权利人的物权受法律保护，任何单位和个人不得侵犯。

《最高人民法院关于适用〈中华人民共和国婚姻法〉若干问题的解释（二）》

第八条　离婚协议中关于财产分割的条款或者当事人因离婚就财产分割达成的协议，对男女双方具有法律约束力。

当事人因履行上述财产分割协议发生纠纷提起诉讼的，人民法院应当受理。

第九条　男女双方协议离婚后一年内就财产分割问题反悔，请求变更或者撤销财产分割协议的，人民法院应当受理。

人民法院审理后，未发现订立财产分割协议时存在欺诈、胁迫等情形的，应当依法驳回当事人的诉讼请求。

两度起诉欲离异　耄耋老人遂心意

两个老人，生育了六个子女。因为性格差异，常年处于争执中。女方为了孩子，一直隐忍，忍着忍着就老了。耄耋之年的老太太不想再忍了。于是，为了让自己的晚年顺心如意，她提起了离婚诉讼……

· 案情回放 ·

经过两次起诉离婚，87 岁的老人嵇某终于与丈夫张某结束了 67 年的婚姻。当嵇老太太拿到那张来之不易的离婚判决书时，不禁感叹道，自己总算可以过几年平静的生活了。

嵇某与丈夫张某奉父母之命于 1939 年结婚，婚后育有六个子女。因个性不合，婚后二人常为家庭琐事发生争执，嵇某时常被丈夫打骂，为了孩子，嵇某一直隐忍，这一忍就忍了几十年。2000 年开始，嵇某因无法继续忍受和张某共同生活在一起，被迫离家居住到敬老院。张某对住在敬老院的妻子不闻不问，直到2002年，经过居委会和妇联等劝说和调解，张某才将嵇某从敬老院接回家。但好景不长，重新生活在一起的两位老人又开始争吵不断。心灰意冷的嵇某认为自己与张某夫妻感情已经破裂，不可能再和好，于是在2003年7月向人民法院第一次提起了离婚之诉。由于张某坚决不肯，法院判决不予离婚。这次的离婚诉讼，不但没缓和夫妻关系，反而使夫妻关系急剧恶化。张某认为家丑不可外扬，现在妻子起诉离婚的事情闹得人尽皆知，让自己颜面扫地，故迁怒于妻子，在家不时打骂嵇某。想离婚离不了，想请律师请不起，还终日遭受丈夫精神和肉体的折磨，绝望的嵇某只得以泪洗面。她的遭遇让邻居们非常同情，在邻居的帮助下，86岁的嵇老太太找到了上海市徐汇区法律援助中心，希望通过法律援助再次起诉离婚。

法援中心工作人员了解了嵇某的案情、又看到她身上的伤痕后深表同情，指派了上海市大公律师事务所楼臻律师为其提供法律服务。楼律师非常耐心地接待了老太太，不厌其烦地多次前往曾经参与调解的居委会、妇联等部门了解案情发展的前因后果。原来，老夫妻二人的婚姻是旧时代父母之命的产物，婚后嵇某一直任劳任怨操持家务、照顾子女，但在家依然没地位，丈夫的打骂是家常便饭，碍于子女还小，嵇某一直忍耐。子女成年离家后，嵇某才想开始自己的新生活，但遭到父母的反对，丈夫也认为离婚是丢人的事情，坚决不同意。随着法律进社区、进小区活动的逐渐开展，嵇某开始了解了一些法律知识，即丈夫不同意离婚自己也可以起诉离婚，最终鼓起勇气，拿起法律武器来维护自己的权利。楼律师感到自己责任重大，希望运用法律力量尽力完成老人的心愿，让嵇老太太的晚年活得安逸、活得自由。楼律师根据老人的要求和相关证据，认真起草了代理词，条理清楚地阐述了老人的想法，并很快递交到法院。在随后的法院审理中，也积极维护嵇某的合法权益，坚持诉请离婚并争取一半的财产权利。被告张某说不出合理的理由，仅认为离婚让他丢脸，而且习惯了长久以来嵇某在生活上对他的照顾，不愿意把一半的财产分给嵇某，因此拒绝离婚。

法院在多次调解不成的情况下，最终采纳了楼律师的代理意见，认定夫妻感情已经破裂，判决准予双方离婚，房产归嵇某、张某共有，其他财产的分割也支持了原告的诉讼请求，嵇某终于可以安度晚年了。接到法院的判决书后，嵇某老泪纵横，感激法律援助，感谢楼律师的热忱帮助。

· 案件评析 ·

离婚是指夫妻双方通过协议或诉讼的方式解除婚姻关系，终止夫妻间权利和义务的法律行为。按照《中华人民共和国婚姻法》的规定，如夫妻感情确已破裂，调解无效，应准予离婚。夫妻“感情确已破裂”是判决离婚的法定条件。

人民法院审理离婚案件，准予或不准离婚应以夫妻感情是否确已破裂作为判断的标准。由于婚姻关系的复杂性，判断夫妻感情是否确已破裂，应当从婚姻基础、婚后感情、离婚原因、夫妻关系的现状和有无和好的可能等方面综合分析。

如果说“感情确已破裂”是实体性规定，是准予离婚与不准予离婚的法定条件，那么“调解无效”则是程序性规定。调解虽然不是判决离婚的法定条件，但却是判决离婚的法定程序。审理离婚案件应当进行调解，调解（和好）无效的案件，从一定意义证明感夫妻情确已破裂。

本案中，嵇老太太和张某的婚姻已经存续了六十多年，矛盾的起因大多是生活琐事。考虑到双方长期共同生活，或许有和好的可能，故法院在嵇老太太 2003 年第一次提出离婚时判令不予离婚，希望他们能修补夫妻关系，安度晚年。可是，由于传统封建思想作祟，张某非但没有反省，反而非变本加厉的折磨妻子。导致嵇老太忍无可忍于 2005 年再次起诉离婚。法院在调解无效的情况下，综合考虑两人的婚姻关系，最终认定夫妻感情确已破裂，作出了准予离婚的判决。

· 律师支招 ·

俗话说，百年修得同船渡，千年修得共枕眠。婚姻家庭是和谐社会的基石，夫妻间应当互相忠诚，互相尊重。任何一方在做事情前多想想对方的感受，发生问题时从对方的角度考虑，以心换心，用信任和宽容建立起婚姻的堡垒。如果夫妻关系确已破裂，再无和好的可能，也应该通过友好协商或离婚诉讼的方式解除婚姻关系。需要提醒注意的是，由于离婚是涉及人身关系的法律问题，即使委托了代理人，当事人本人还是需要亲自出庭。

· 法律链接 ·

《中华人民共和国婚姻法》

第三十二条　男女一方要求离婚的，可由有关部门进行调解或直接向人民法院提出离婚诉讼。

人民法院审理离婚案件，应当进行调解；如感情确已破裂，调解无效，应准予离婚。

有下列情形之一，调解无效的，应准予离婚：

（一）重婚或有配偶者与他人同居的；

（二）实施家庭暴力或虐待、遗弃家庭成员的；

（三）有赌博、吸毒等恶习屡教不改的；

（四）因感情不和分居满二年的；

（五）其他导致夫妻感情破裂的情形。

一方被宣告失踪，另一方提出离婚诉讼的，应准予离婚。

《最高人民法院关于人民法院审理离婚案件如何认定夫妻感情确已破裂的若干具体意见》

人民法院审理离婚案件，准予或不准离婚应以夫妻感情是否确已破裂作为区分的界限。判断夫妻感情是否确已破裂，应当从婚姻基础、婚后感情、离婚原因、夫妻关系的现状和有无和好的可能等方面综合分析。根据婚姻法的有关规定和审判实践经验，凡属下列情形之一的，视为夫妻感情确已破裂。一方坚决要求离婚，经调解无效，可依法判决准予离婚。

1. 一方患有法定禁止结婚的疾病，或一方有生理缺陷及其他原因不能发生性行为，且难以治愈的。

2. 婚前缺乏了解，草率结婚，婚后未建立起夫妻感情，难以共同生活的。

3. 婚前隐瞒了精神病，婚后经治不愈，或者婚前知道对方患有精神病而与其结婚，或一方在夫妻共同生活期间患精神病，久治不愈的。

4. 一方欺骗对方，或者在结婚登记时弄虚作假，骗取《结婚证》的。

5. 双方办理结婚登记后，未同居生活，无和好可能的。

6. 包办、买卖婚姻，婚后一方随即提出离婚，或者虽共同生活多年，但确未建立起夫妻感情的。

7. 因感情不和分居已满三年，确无和好可能的，或者经人民法院判决不准离婚后又分居满一年，互不履行夫妻义务的。

8. 一方与他人通奸、非法同居，经教育仍无悔改表现，无过错一方起诉离婚，或者过错方起诉离婚，对方不同意离婚，经批评教育、处分，或在人民法院判决不准离婚后，过错方又起诉离婚，确无和好可能的。

9. 一方重婚，对方提出离婚的。

10. 一方好逸恶劳、有赌博等恶习，不履行家庭义务，屡教不改，夫妻难以共同生活的。

11. 一方被依法判处长期徒刑，或其违法，犯罪行为严重伤害夫妻感情的。

12. 一方下落不明满二年，对方起诉离婚，经公告查找确无下落的。

13. 受对方的虐待、遗弃，或者受对方亲属虐待，或虐待对方亲属，经教育不改，另一方不谅解的。

14. 因其他原因导致夫妻感情确已破裂的。

鸠占鹊巢狠心女　公堂对簿明法理

“亲戚亲、朋友亲，打断骨头连着筋。”这是形容至爱亲朋牢不可破的亲密关系，然而在市场经济的冲击下，利益不断侵蚀着亲情，上演着一幕幕现代版的“相煎何太急”……

·案情回放·

郭老太一直独居一套老式公房里，距今已有十余年，房子的承租人是其子马某。2010 年 3 月，郭老太的女儿以自己的房子要装修为由，与马某商量，要搬来与郭老太同住。马某考虑到郭老太年事已高，正需要子女照顾，而自己是残疾人，无力照顾母亲，便同意姐姐和姐夫搬来与母亲同住，希望姐姐一家能好好照顾母亲。

然而，事与愿违，马某姐姐入住之后不仅没有好好照顾老人，还经常和老人发生矛盾，严重影响了郭老太的晚年生活。街道、居委多次出面调解，问题始终无法解决。马某为此多方奔走，终于了解到上海市徐汇区法律援助中心可以给他们法律上的帮助。于是，马某带着80高龄的老母亲来到这里寻求援助。综合考虑了郭老太的实际情况后，徐汇区法援中心决定给予老人法律援助。

上海市德尚律师事务所陈峰律师第一时间约见了郭老太及其子马某，希望从他们口中全面了解矛盾发生的前因后果。通过交谈，陈律师发现郭老太的处境比想象中的更艰难。郭老太居住的老公房面积不大，马某姐姐一家三口入住以后，房子更加拥挤，给老人的生活带来诸多不便。拥挤的居住条件使得母女二人经常发生口角，随着时间的推移，矛盾不断激化。马某的姐姐开始辱骂和虐待老人，甚至动手殴打老人，老人身上常常青一块紫一块。陈律师在安抚老人的同时，也向当地的街道、居委了解情况。居委干部一听是郭老太家里的事就连连摇头，都说郭老太的女儿太霸道、蛮不讲理。

面对如此的家庭矛盾，陈律师始终坚持能调则调的原则，毕竟血浓于水，对簿公堂的事谁都不愿意见到。为化解这场矛盾，陈律师多次上门走访，规劝马某的姐姐，晓之以理、动之以情。可惜，马某姐姐一家我行我素，就是赖在房子里不肯搬离。为维护老人的合法权益，老人最终毅然决定拿起法律武器，马某作为原告将姐姐一家告上法庭。

庭审中，被告答辩称，系争房屋是被告之一即马某的姐夫将单位分配的房屋经过多次调换而取得的，因其户口问题才由原告作为挂名的承租人，系争房屋使用权实际应属被告，双方当初有过口头约定，被告现在是按照当初的约定将系争房屋收回。故要求驳回原告诉讼请求。

法院经审理查明，原告于1983年以增配方式取得本市一套房屋的使用权，后原告以单位套配方式取得系争房屋承租权，系争房屋的配房人口为原告及其妻子。取得系争房屋后，原告交由其父母居住使用，原告则居住于其母亲为产权人的房屋内。而被告既非系争房屋的原始配房人口，也并非系争房屋的在册户籍人口，不属系争房屋的同住人范畴，故被告对系争房屋并不享有当然的居住使用权。法院最终判决被告一家搬离系争房屋。郭老太与儿子终于恢复了平静安宁的生活。

· 案件评析 ·

对公有住房享有居住使用权的包括承租人及其同住人，而承租人及同住人的范围则应以出租人或管理人颁发的租赁凭证以及相关调配单据所载内容为准。承租人作为公有住房合法权利人，对房屋享有居住、使用的权利，并受法律保护。依据相关法律规定，“租用公房凭证”是公有居住房屋的出租人与承租人建立租赁关系的合法凭证。

本案中，马某持有系争房屋的租用居住公房凭证，其姐姐和姐夫无证据材料证明马某通过其他违法手段取得该房屋的承租权，即使马某取得该房屋的承租权系其姐夫通过多方努力、奔波而来，亦属于亲人间提供帮助的性质，无法改变马某作为系争房屋承租人的事实。基于马某的姐姐和姐夫对系争房屋不享有合法的居住使用权，现承租人马某主张其二人迁出系争房屋于法有据，故最终得到了法院的支持。

· 律师支招 ·

同胞姐弟，为了一套房子诉至公堂，从此形同陌路，确实令人心痛，导致这一切的就是冰冷的金钱。家庭和睦是社会和谐的基础，家庭成员间应当相互体谅和包容，应以亲情血缘为重，协商处理相关家庭矛盾，友好相处。即使通过法律途径诉讼解决了争议，亲属之间也应当本着血浓于水的精神处理好今后的关系，使我们中华民族亲情永续的传统世代延续。

· 法律链接 ·

《中华人民共和国合同法》

第二百一十二条　租赁合同是出租人将租赁物交付承租人使用、收益，承租人支付租金的合同。

第二百一十三条　租赁合同的内容包括租赁物的名称、数量、用途、租赁期限、租金及其支付期限和方式、租赁物维修等条款。

第二百一十四条　租赁期限不得超过二十年。超过二十年的，超过部分无效。

租赁期间届满，当事人可以续订租赁合同，但约定的租赁期限自续订之日起不得超过二十年。

第二百三十四条　承租人在房屋租赁期间死亡的，与其生前共同居住的人可以按照原租赁合同租赁该房屋。

前夫逼疯弱女子　老父代女争权利

离婚后丈夫将前妻和女儿强行驱逐出系争房屋，母女俩居无定所，在外流浪。遭受家庭变故后，女方一直郁郁寡欢患上了精神分裂症，经司法鉴定为一级精神类残疾。老父亲将女儿和外孙女接回自己家里照顾，为维护女儿的合法权益，老人带着女儿走上了漫漫维权路。

· 案情回放 ·

陈某和胡某经亲戚介绍相识、相恋，1993年登记结婚，两年后生育一女。1998年，陈某一家因原居住地动迁，被安置公房一套，租赁户名为丈夫胡某。2002年，陈某提起离婚诉讼。审理中，双方均表示无财产、住房纠纷，并在法院达成调解协议。

离婚后第五年，胡某买下了承租公房，房屋权利人核准登记为胡某。他把前妻陈某和女儿赶出家门。陈某的老父亲无奈收留了她们，并找到上海市徐汇区法律援助中心寻求法律援助。经审查，陈某的条件符合法律援助的条件，援助中心指派上海市汇锦律师事务所蔡雪华律师为其提供法律帮助。蔡律师认真听取陈某父亲等人的陈述，先后走访了系争房屋所在地房管局、派出所等地收集证据。经过对案件的分析，蔡律师认为陈某应当享有系争房屋的居住权，胡某的行为已经侵害了陈某的合法权益。于是，以陈某为原告，以其父亲为法定代理人将胡某告上法院，请求确认陈某对系争房屋的居住权。

庭审过程中，胡某辩称，系争房屋是胡某家动迁分配来的，是按居住面积计算，拆多少还多少，而陈某和女儿的户口当时不在系争房屋内，故分房与她们无关；离婚时双方已明确表示无财产、住房纠纷，而现在陈某又提起诉讼，违背了民事调解书的内容；而且陈某的起诉已超过了诉讼时效；故请求法院判决驳回陈某的请求。

法院经审理认为，公民的合法权益受法律保护。陈某和胡某在离婚诉讼案中虽均表示无财产、住房纠纷，但在离婚调解协议中对离婚后双方的具体居住问题未作约定。虽然系争房屋已由胡某买下，但陈某是系争房屋当初的受配人员之一，是原公房的同住人，故陈某对该房屋享有居住使用权。同时，陈某要求确认其对系争房屋享有居住使用权的诉请，不存在诉讼时效问题。最终判决陈某对系争房屋享有居住权。

· 案件评析 ·

居住权是用益物权的一种，指对他人所有的住房及其附属设施占有、使用的权利。在诸多涉及公有房屋的纠纷中，居住权纠纷是较为突出、调解处理难度很高的纠纷类型。该类纠纷的当事人一般都是同一家庭成员，主要有以下三种形式：一是非同住人的其他家庭成员不法侵占公有房屋引起的居住权纠纷，如成年已婚子女单位已分配住房或在外购买了商品房，但仍以上班不便、小孩读书困难为由，挤占父母承租的公房，从而引发矛盾。二是公房承租人侵犯了同住人的居住使用权而引发的纠纷，如在公房动迁过程中，承租人与动迁人签订货币化安置协议，等钱拿到手后却拒不对其他无房可住的家庭成员进行安置；或者承租人将公房承租权转让时向同住人保证解决居住问题，以换取同住人签字同意，但事后却对同住人的居住问题不管不顾，以致引发纠纷。三是正常使用公房过程中产生的居住权纠纷，如公房的承租人父母与其他共同居住人如子女或其他亲属，因房屋比较小等原因引发矛盾，一方要求另一方迁出房屋的居住权纠纷。

此类纠纷的处理，一般考虑三个因素：一是房屋来源与贡献。如果公房是单位分配所得，要查看原始调配情况，谁是受配人，谁是共同受配人，准许迁入几人户口等；如果公房是市场购置所得，则要分析购置动因、出资、迁入户口等情况。二是同住人身份的审查把握。对已享受过国家福利分房政策或单位货币分房补贴、居住并不困难的人，要严格把握其同住人的认定条件，体现对非法侵占公房者的制裁。三是迁出的现实可行性。对双方均有居住权的争议，如一方有可迁之处，可在要求另一方酌情补偿的基础上让其迁让，以避免矛盾激化。当然，如果一方恶意侵占公房后，将其自有房屋出售给他人，造成无房可住的现状，则不应过多考虑迁出的现实可行性问题，而应让侵权者立即迁出，自行解决居住问题。

本案中，陈某是系争房屋受配人之一，尽管离婚后由男方买下，但仍不能对抗陈某是原公房同住人的地位。因此，陈某对系争房屋享有居住权。

·律师支招·

在上海，售后公房的纠纷非常多见，本案也是较典型的案件。根据相关的司法解释和实践，一般判断公民在售后公房内是否有居住权要考虑很多因素，例如，房屋的来源，实际居住情况，户籍情况，迁入户口的原因，当事人之间的约定等等。

当权利受到侵害时，首先要对客观情况进行冷静分析，如果无法确定，可以及时咨询律师或专业人员。矛盾无法协商解决时，可以通过法律途径维护自己的权益。案例中的陈某，就因为缺乏自我保护的意识，当合法权益受到侵害时不会寻找合适的途径保护自己，郁郁寡欢而导致精神分裂，不仅害了自己，也害了女儿。

·法律链接·

《中华人民共和国物权法》

第七条　物权的取得和行使，应当遵守法律，尊重社会公德，不得损害公共利益和他人合法权益。

第一百一十七条　用益物权人对他人所有的不动产或者动产，

依法享有占有、使用和收益的权利。

《关于贯彻实施〈上海市房屋租赁条例〉的意见（二）》

十二、公有居住房屋承租户名的变更

《上海市房屋租赁条例》中所称公有居住房屋的“共同居住人”是指公有居住房屋的承租人死亡或者变更租赁关系时，在该承租房屋处实际居住生活一年以上（特殊情况除外）而且本市无其他住房或者虽有其他住房但居住困难的人，结婚、出生可以不受上述条件的限制。

· 劳动争议篇 ·

“锦旗”内容摘录：

“有你们真诚援助　外来民工才活得更有尊严”
“为农民工当家作主　谢谢您们！”
“无私为民提供援助　维护社会和谐稳定”
“扶弱济困　公正无私”
“真情助残昭大信　真心帮残伸大义”
“热忱相助暖人心　感谢政府感谢党”

挑战极限律师牛　帮助百姓情意浓

这是我国劳动争议仲裁历史上罕见的50小时庭审，50个申请人构成的50个案件只有一个被申请人：某餐饮店。在这场马拉松式的庭审中，先后由4名仲裁员轮流开庭进行审理，餐饮店也委托了4名代理人交替出庭，而50位申请人却只有2位律师作为代理人连续作战，这到底是一个什么样的案件呢？

· 案情回放 ·

原来，2010年初上海某餐饮店因市政拆迁面临停业，与其57名员工解除了劳动合同，双方因加班费结算和经济补偿金支付问题发生争议。用人单位认为，员工上两头班是餐饮行业的普遍现象，根本不能算加班。至于劳动合同的终止，则是政府行为所致，无需支付经济补偿金。时间临近年底，57名员工中大多为外来农民工，急于在春节前要回薪酬返乡。他们的主张遭到用人单位拒绝后，便多次组织人员群访、聚会，要求店方给“说法”，情绪非常激动。一场群体性冲突一触即发！

上海市徐汇区法律援助中心获悉情况后，立即开辟了立案援助的“绿色通道”，当天就指派上海市华夏律师事务所叶竹影律师和许德学律师承办此案。根据以往的经验，此类案件在律师介入后一般都很快能调解解决，但该案的进展却完全出乎了他们的预料。

如何安抚57名受援人的情绪是援助律师首先要面对的难题。这些失业员工一会儿集体到劳动监察大队投诉，一会儿到政府部门请愿，一会儿又到用人单位的其他门店闹事，给社会造成了一定的负面影响。为了及时安抚受援人情绪，避免扩大不良影响，两位律师接到员工请愿的通知后马上赶往现场协助维护秩序，防止恶性事件发生。经过他们一次次的耐心劝导和分析，57名员工终于同意委托律师处理该起纠纷，暂时不再采取群体性过激行为。

稳定了受援人的情绪后，叶律师和许律师马上又碰到一个新的难题——如何计算加班工资和经济补偿金数额。由于餐饮行业的特殊性，受援人涉及的工作岗位多达十几种，上下班时间也有六七种之分，这意味着要对57个人“量身”计算，加班工资计算时间要精确到小时，律师的工作量可想而知。

好不容易计算出每个员工诉求的金额，两位律师在与用人单位协商过程中却遇到了更大障碍。经过多次协商，律师发现用人单位只是在采用拖延战术，对问题的解决毫无调解诚意。继续协商还是申请仲裁？律师面临两难，协商解决可以快速结案，但要依赖于用人单位的配合；申请仲裁可以得到理想的结果，却会消耗较长的时间。眼看距春节只有短短的一个月，有7位受援人因多种原因放弃了权利主张，他们的退出又引起了员工的骚动。如何决策？一旦决策失误，受援人的情绪会再次爆发，后果将不堪设想。顶着沉重的压力，叶律师和许律师反复分析了案件的各种实际情况后，果断决定将本案提交劳动争议仲裁处理。

这天是当年最后一个劳动仲裁案件受理日，要赶在春节前有一个处理结果，就必须在这一天内办完50名申请人的劳动仲裁申请手续。律师一大早来到仲裁委员会立案大厅，直到傍晚才完成了繁琐的立案程序。原以为接下来就是等待通知开庭，没料到接到的却是用人单位拒绝签收仲裁文书的消息。如果文书无法送达被申请人，就意味着50个案件要公告送达，春节前结案的希望几乎为零。这个消息着实让两位律师紧张了一把，幸好在有关部门的协调下，最终用人单位签收了法律文书。

2010年1月24日上午8时整，仲裁庭审开始了。被申请人带来了两大箱证据材料用以否认申请人的各项主张。而两位律师通过大量证据对用人单位的答辩一一反驳，对申请人的主张进行了充分论证，庭审中的优势越来越明显。于是，仲裁员适时组织双方调解，希望尽快结案，但用人单位却一次次拒绝，同时聘请了4名律师轮番参与庭审，准备打一场“持久战”。夜幕降临了，庭审还在继续，为了确保在春节前给员工们一个说法，仲裁员临时增派人手，两名仲裁员一组，轮流休息调整，可许律师和叶律师却停不下来，他们饿了啃两口面包，累了洗把冷水脸，时间就这样一分一秒地过去了。在连续开庭的第三天上午，用人单位的法定代表人终于出现在了庭审现场，他一改往日强硬的态度，主动提出调解方案，并承诺在三日内将补偿金发放到每一位员工的银行存折上。

这场群体性的劳动纠纷通过法律援助终于取得了胜利，当受援人在春节前拿到他们的辛苦钱，收获的不仅仅是份报酬，更是一份社会的关怀和对法律的信念。为表示感谢，他们向徐汇区法律援助中心送上了“一心为民、廉洁奉公”的锦旗。

· 案件评析 ·

本案中，用人单位认为其与员工解除劳动合同是由于政府拆迁行为所致，故拒绝支付经济补偿金。这种说法正确吗？

我国劳动合同法第四十条规定在下列情形下，用人单位提前30日以书面形式通知劳动者本人或者额外支付劳动者1个月工资后，可以解除劳动合同。包括：（1）劳动者患病或者非因工负伤，在规定的医疗期满后不能从事原工作，也不能从事由用人单位另行安排的工作的。（2）劳动者不能胜任工作，经过培训或者调整工作岗位，仍不能胜任工作的。（3）劳动合同订立时所依据的客观情况发生重大变化，致使劳动合同无法履行，经用人单位与劳动者协商，未能就变更劳动合同内容达成协议的。这里的“客观情况”是指履行原劳动合同所必要的客观条件，因不可抗力或出现致使劳动合同全部或部分条款无法履行的其他情况，如自然条件、企业迁移、被兼并、企业资产转移，使原劳动合同不能履行或不必要履行。本案中，因为市政拆迁停业这一客观情况发生重大变化导致用人单位不能继续履行劳动合同，继而解除与员工的劳动关系的行为显然属于第三种情形。劳动合同法第四十六条明确规定："用人单位依照本法第四十条规定解除劳动合同的"应当依法支付经济补偿金。

·律师支招·

这起群体性法律援助案件引起了各级部门的关注，调解结案取得了良好的社会效果。

化解群体性纠纷，首先，各有关部门要未雨绸缪。对于重大决策可能产生的后果必须要有预案，要把可能产生的纠纷解决于萌芽状态；其次，发生纠纷后，责任单位要负起责任。本案的调解解决就是用人单位最后承担起社会责任，通过协商的方式解决了争议。再次，纠纷的解决要形成合力。本案不管用人单位如何强调客观因素，对于劳动者的经济补偿金必须支付。正是从这一法律规定出发，在法律援助中心和劳动争议仲裁委员会等部门的共同努力下，纠纷最后得以化解。

·法律链接·

《中华人民共和国劳动合同法》

第四十条　有下列情形之一的，用人单位提前三十日以书面形式通知劳动者本人或者额外支付劳动者一个月工资后，可以解除劳动合同：

（一）劳动者患病或者非因工负伤，在规定的医疗期满后不能从事原工作，也不能从事由用人单位另行安排的工作的；

（二）劳动者不能胜任工作，经过培训或者调整工作岗位，仍不能胜任工作的；

（三）劳动合同订立时所依据的客观情况发生重大变化，致使劳动合同无法履行，经用人单位与劳动者协商，未能就变更劳动合同内容达成协议的。

第四十六条　有下列情形之一的，用人单位应当向劳动者支付经济补偿：

（一）劳动者依照本法第三十八条规定解除劳动合同的；

（二）用人单位依照本法第三十六条规定向劳动者提出解除劳动合同并与劳动者协商一致解除劳动合同的；

（三）用人单位依照本法第四十条规定解除劳动合同的；

（四）用人单位依照本法第四十一条第一款规定解除劳动合同的；

（五）除用人单位维持或者提高劳动合同约定条件续订劳动合同，劳动者不同意续订的情形外，依照本法第四十四条第一项规定终止固定期限劳动合同的；

（六）依照本法第四十四条第四项、第五项规定终止劳动合同的；

（七）法律、行政法规规定的其他情形。

工薪不增被侵权　公堂相见速改变

参加工作多年工资不调整，劳动者无奈提起劳动争议仲裁。用人单位说我们不是劳动关系，而是劳务关系；劳动者说我们是劳动关系，但是单位没有和我们签劳动合同。那么，他们双方到底谁有理呢？

·案情回放·

万某和殷某夫妇是外地来上海务工的农民工。2006 年 4 月份起，万某夫妇在上海某物业公司管辖的小区内从事保洁工作，约定每日工作时间为三小时，工资为上海市规定的最低工资。双方未签订书面劳动合同。在用工过程中，万某夫妇的实际工作时间远远超出了约定的三小时，物业公司有事时随叫随到，处于 24 小时待命状态。而工资多年来却一直停留在 2006 年度上海市最低工资标准上，没有随着最低工资标准的提升而增加，物业公司也从未为二人缴纳过外来务工人员综合保险。万某夫妇曾多次向物业公司提出加薪和缴纳保险的请求，均遭到无理拒绝。

无奈之下，万某夫妇向徐汇区劳动争议仲裁委员会提起劳动争议仲裁申请，追讨欠薪和相关费用。立案后，仲裁委组织双方进行调解。物业公司认为，万某夫妇只是他们聘请的小时工，双方之间并不存在劳动关系，故无需支付加班费和缴纳相关保险。由于分歧较大调解失败，仲裁委员会遂决定将案件延期审理。

文化程度低不懂法，加之经济困难请不起律师，面对用人单位在调解过程中的盛气凌人和强词夺理，万某夫妻感觉有口难辩，又气又急。一筹莫展之时，他们听说上海市徐汇区法律援助中心可为困难人群提供法律援助，便提交了申请材料。经过审核，法援中心接受了他们的援助申请，并指派上海市达辰律师事务所叶竹影律师承办该案。

法谚云：迟到的正义是非正义。为了使受援人的合法权益尽快得到维护，叶律师分析证据材料后认为，两位受援人的诉讼请求完全符合法律规定，遂帮助他们及时在法院立了案。开庭审理时，叶律师据理力争，在法律的框架下理顺了这笔欠薪账。物业公司看到大势已去，同意进行调解，双方达成了调解协议。

春节前夕，万某夫妇拿到了补偿款。他们对法援中心工作人员的工作效率、叶律师办案的工作态度以及案件的圆满结果都非常满意。为了表示他们心中的谢意，特地向徐汇区法援中心赠送了“维法护法、情系民众”的锦旗。法援中心的工作人员说，法律援助中心要伸出法律的坚实臂膀，搀扶劳动者走出维权的困境。

· 案件评析 ·

我国实行最低工资保障制度，用人单位支付劳动者的工资不得低于当地最低工资标准。“最低工资”是指劳动者在法定工作时间内履行了正常劳动义务的前提，由其所在单位支付的最低劳动报酬。

最低工资标准包括月最低工资标准和小时最低工资标准。前者适用于全日制用工单位，后者主要适用于非全日制工人单位。最低工资不包括延长工作时间的工资报酬，以货币形式支付的住房和伙食补贴，中班、夜班、高温、低温、井下、有毒、有害等特殊工作环境和劳动条件下的津贴，国家法律、法规、规章规定的社会保险福利待遇。

由此可见，最低工资保障是用人单位必须依法履行的强制性义务，违反该规定的，用人单位需要承担相应的法律责任。

本案中，万某夫妇属于非全日制用工，用人单位应当支付的工资不得低于当地小时最低工资标准。同时，随着经济的发展，上海市最低工资标准也随之改变，用人单位应当及时更新计酬标准。本案中的用人单位只按劳动者入职时的最低标准计算到底的方式显然是不符合法律规定的。

· 律师支招 ·

国家给予了劳动者最基本保障，劳动者也应当树立自我保护的意识。在与用人单位建立劳动关系后，应当敦促用人单位尽早签订劳动合同。当合法权益遭受侵害时，劳动者也应当努力收集证据证明被侵害的事实，先与用人单位协商，如果双方不能达成一致，劳动者要及时申请劳动争议仲裁，以免延误时间错失仲裁时效。

· 法律链接 ·

《中华人民共和国劳动法》

第四十八条　国家实行最低工资保障制度。最低工资标准的具体标准由省、自治区、直辖市人民政府规定，报国务院备案。

用人单位支付劳动者的工资不得低于当地最低工资标准。

《劳动部关于贯彻执行〈中华人民共和国劳动法〉若干问题的意见》

第五十四条　劳动法第四十八条中的“最低工资”是指劳动者在法定工作时间内履行了正常劳动义务的前提，由其所在单位支付的最低劳动报酬。最低工资不包括延长工作时间的工资报酬，以货币形式支付的住房和用人单位支付的伙食补贴，中班、夜班、高温、低温、井下、有毒、有害等特殊工作环境和劳动条件下的津贴，国家法律、法规、规章规定的社会保险福利待遇。

第五十六条　在劳动合同中，双方当事人约定的劳动者在未完成劳动定额或承包任务的情况下，用人单位可低于最低工资标准支付劳动者工资的条款不具有法律效力。

第五十七条　劳动者与用人单位形成或建立劳动关系后，试用、熟练、见习期间，在法定工作时间内提供了正常劳动，其所在的用人单位应当支付其不低于最低工资标准的工资。

打工女意外烧伤　维权路曲曲弯弯

安徽姑娘小周到上海打工，被酒精烧伤全身多处受损害。用人单位经营不善正准备退出上海。为获得救治款，小周无奈与用人单位达成一次性赔偿12万元的协议。后因医疗费用严重不足，小周再次向用人单位主张赔偿，她能达到目的吗？

·案情回放·

2005年，安徽姑娘小周到上海打工，进入了上海某茶艺有限公司工作，用人单位未与她签订劳动合同。没想到，一场飞来横祸改变了这个小姑娘的命运。一次工作中因操作不慎，被酒精烧伤，全身多处受损。小周被送往医院治疗，花费了28万余元的医疗费用后仍未完成基本的诊治，而用人单位仅为其代付了10万元医药费用后就不再“现身”。因无力承担昂贵的医疗费用，小周的家人多次找用人单位协商，但单位领导闭门不见。无奈之下，小周于2006年9月向上海市徐汇区法律援助中心求助，走上了一波三折的维权之路。

法援中心指派了上海市傅玄杰律师事务所陈洁律师，陈律师受理此案后立即对案件情况进行了深入调查和分析。陈律师认为，按照小周的情况被认定为工伤没有问题，但用人单位没为她买工伤保险，这意味着所有费用都将由用人单位独立承担，用人单位是否有承担的意愿和能力？调查发现的多种迹象显示用人单位有歇业逃避债务的意图。陈律师知道，一旦用人单位真正“消失”，赔偿费用都变成纸上谈兵，和时间赛跑将是取得这场博弈胜利的关键。综合考虑现实情况，陈律师决定就小周已发生的医疗费用先行立案诉讼，后续治疗及赔偿事宜待小周病情好转，能做鉴定时再处理。

确定办案思路后，陈律师马不停蹄地开始工作。首先将小周的材料递交至徐汇区劳动争议仲裁委员会下设的外劳力调解机构，希望以调解的方式最快地走完仲裁前置程序。果然，因用人单位拒绝调解，陈律师在第三天就拿到了调解不成的通知书。拿到通知书后，陈律师立即前往徐汇区人民法院立案。立案后，法院依程序进行文书送达，两次均遭退回，如第三次仍无法送达，则将进入漫长的公告送达程序。为保证文书的顺利送达，陈律师收集了用人单位在上海所有门店的信息，并与小周家人奔赴每家门店确认经营状态。结果出乎所料，用人单位旗下的门店均已歇业，这意味着，即使将来赢得诉讼也难以执行，而小周此刻的治疗因为拖欠医疗费随时可能被中止。为争取时间，陈律师多次找到用人单位负责人协商，晓之以理动之以情，最终用人单位表示，小周撤诉后愿意一次性支付10万元了结此案。考虑到小周的治疗是当务之急，经过反复权衡利弊，小周的家人同意了和解方案。在陈律师的帮助下，双方最终达成了12万元的一次性赔付协议。

尽管这笔钱对小周的治疗而言仍属杯水车薪，但对于急需救命钱的小周一家来说，他们实在耗不起时间。看着浑身缠满绷带、正值青春年华的小周和愁眉紧锁、面容憔悴的小周父母，陈律师提议等小周病情稳定后，通过工伤认定再对用人单位进行追偿。小周家人在拿到12万元的赔偿款后就回到安徽老家治疗。

2007年5月，小周根据陈律师建议来沪再次申请法律援助，工伤认定其伤残等级是3级，结合小周的年龄，按法律规定，除去实报实销的医药费以外，小周应获得的一次性工伤保险待遇为62.8万元。这意味着用人单位此前12万元的赔付显然过低。陈律师于是按法律规定再次提起劳动仲裁，要求用人单位支付保险待遇，由于用人单位未出庭应诉，劳动争议仲裁委员会支持了小周的诉请。用人单位对仲裁裁决不服，起诉至人民法院。用人单位认为，小周经人介绍进公司学习茶艺，非公司正式员工，学习的同时，公司也安排小周做服务工作，安排其当班，每月支付生活费但非工资，双方未建立劳动关系。小周发生事故后，公司出于人道主义已支付部分医药费，且双方已在2006年达成和解协议，小周也承诺不再提出赔偿，故单位不再承担任何给付义务。陈律师向法院提出答辩意见，小周于2005年4月起在原告门店任服务员，双方未签订书面劳动合同，其领取了工号牌和工作服，日常接受公司管理，工作由公司安排，并由公司提供员工宿舍，双方存在劳动关系。2006年5月小周发生工伤事故，因原告不肯支付后续医疗费，其无法得到有效救治，遂提起诉讼，单位以结业逃跑为要挟，乘人之危提出一次性解决方案，被告迫于无奈才与原告签订协议。根据有关规定，小周应得的保险待遇要远远高于协议约定的金额，该协议显失公平，侵害其合法权益。故不同意原告诉请。

法院经过审理认为，用人单位向小周发放了工作服、工号牌、《工作规程》，安排其当班服务，小周完全以公司员工的名义进行工作，同时接受公司的管理与约束，其付出的劳动是单位业务的组成部分，并由单位按月支付劳动报酬。在事故发生后，用人单位又以所属单位身份处理就诊事宜，并垫付医药费。凡此种种，均表明双方劳动关系成立并存续。工伤保险待遇系法律对劳动者设置的基准性保障，小周住院期间，由于单位拒绝支付后续医疗费用，以致小周不能得到及时治疗，无奈之下接受公司协议。单位想就此了结其应承担的义务，于法有悖，双方所签协议违反了有关的法律规定。为此，小周提起诉讼，要求依照法律规定予以调整，于法有据，法院予以支持。判决单位支付被告三级工伤保险待遇 62.8 万元人民币，医疗费报销费用余额 30583.85 元人民币和劳动能力鉴定费 350 元人民币。用人单位不服上诉，2008 年 7 月上海市第一中级人民法院维持原判。该案终于尘埃落定，小周获得了她应得的赔偿。

· 案件评析 ·

本案中，小周发生工伤事故后在维权道路上遭遇了两重法律上的障碍。

第一个障碍是用人单位否认双方的劳动关系。我们知道，劳动关系建立后劳资双方应当签订劳动合同。可本案的双方并没有依法签订劳动合同，导致小周发生工伤事故后，用人单位为逃避责任对双方的劳动关系予以否认。而认定双方存在劳动关系，是小周下一步主张工伤赔偿的必要前提。根据“谁主张，谁举证”的举证原则，小周负有证明和用人单位存在劳动关系的举证责任。通过提交服装押金条收据、工号牌、《工作规程》、员工宿舍卫生值班表等证据材料，法院最终认定双方劳动关系存在。

第二个障碍是2006年签订的和解协议是否有效。根据《中华人民共和国民法通则》的规定，一方以乘人之危，使对方在违背真实意思的情况下所为的民事行为无效。无效的民事行为，从行为开始起就没有法律约束力。本案中，小周住院期间，因其用人单位拒绝支付后续医疗费用，使小周在不能得到及时治疗的情况下与用人单位签订了协议，用人单位的行为属于乘人之危的无效民事行为，依法应认定无效。故法院根据小周的伤情及其已实际花去的医疗费及鉴定费，结合我国有关法律规定予以认定判决，最终支持了小周的诉请。

·律师支招·

在实际用工过程中，像小周这样“无劳动合同、无社会保险”的劳动者屡见不鲜，正因为用工手续不完备，常常导致合法权益得不到保障。签订劳动合同和缴纳社会保险是用人单位的义务，但在实践中却往往成为一种福利。而劳动者由于自身法律意识淡薄和处于弱势地位，往往更看重工资待遇，而对于其他用人单位应当履行的义务却没有重视或坚持。单位未及时缴纳工伤保险费，在未发生工伤时对劳动者的影响似乎并不明显，可一旦事故发生就会产生理赔难的问题。

通过本案事实表明，劳动者在用工过程中不能一味听从用人单位摆布，适时的“依法维权”才是对自己最大的保护。

·法律链接·

《中华人民共和国劳动合同法》

第十条　建立劳动关系，应当订立书面劳动合同。

已建立劳动关系，未同时订立书面劳动合同的，应当自用工之日起一个月内订立书面劳动合同。

用人单位与劳动者在用工前订立劳动合同的，劳动关系自用工之日起建立。

《中华人民共和国社会保险法》

第三十三条　职工应当参加工伤保险，由用人单位缴纳工伤保险费，职工不缴纳工伤保险费。

劳动者权益受损　经协商化解纠纷

劳动者劳动的目的之一是为了获得报酬。随着经济社会的发展，劳动者的劳动报酬也应当水涨船高。然而，下面案例中的两位外来劳动者多年务工，用人单位既未与她们签订劳动合同，工资也未逐年增长，为维护自己的合法权益，她们来到上海市徐汇区法律援助中心……

· 案情回放 ·

阮某和周某均系外来务工人员，2003 年开始在上海某敬老院，从事照料老人生活起居的工作，双方未签订劳动合同。阮某和周某每天工作 8 小时，全年无休，每月劳动报酬低于上海市最低工资标准，单位也从未向她们支付过加班工资。

2008 年，随着新的劳动合同法颁布实施，单位逐步改变以往的做法，开始规范用工，与阮某、周某签订了书面劳动合同。与此同时，两名劳动者通过媒体报道、法制宣传等渠道，得知过去五年间单位不签劳动合同、不支付加班费以及支付低于本市最低工资标准的劳动报酬等行为都侵犯了自己的合法权益。于是，她们向单位提出按照上海市最低工资标准补足劳动报酬的差额部分，并支付相应的加班工资。可她们的要求没有得到单位的认可。阮某、周某文化程度较低，缺乏法律意识，与单位多次交涉未果后，便采取了罢工、上访等过激行为，曾一度影响了敬老院的正常工作秩序，造成了不良的影响。

为了缓和劳资双方的冲突，帮助阮某和周某维护权益，徐汇区信访办法律援助工作站的值班咨询律师对她们进行了耐心劝导和法律咨询，引导她们合理表达诉求，依法维护自己的合法权益，并指导她们向上海市徐汇区法律援助中心申请法律援助。法援中心依法受理了二人的申请，并及时做出给予法律援助的决定，指派上海市徐汇区湖南法律服务所法律工作者唐政贵为她们提供法律服务。

经了解，案件发生后，阮某和周某仍在敬老院工作，而敬老院方面也有意与她们继续履行劳动合同，劳动关系的存续为调解解决双方矛盾创造了有利条件。在与受援人沟通后，经验丰富的唐政贵决定通过两种方式办理本案。一方面，积极与用人单位交涉协商，摆事实、讲道理，指出用人单位曾经用工不规范的地方，希望通过协商的方式在用人单位和劳动者之间架起一座沟通的桥梁，使矛盾圆满解决。另一方面，为应对协商过程中如用人单位拒绝和解，可能给劳动者造成更大伤害的状况，唐政贵也为提起劳动争议仲裁申请做好了准备工作。

可喜的是，用人单位终于被唐政贵的诚意所打动，认识到他们原来确实存在用工不规范的地方，同意按照上海市最低工资标准为阮某和周某补足劳动报酬差额部分和支付加班工资。同时，用人单位也意识到遵守劳动合同法对用人单位和劳动者都是有益的，是提高工作效率和质量的保证。在友好、和谐的气氛中，用人单位和阮某、周某达成调解协议，本案得以圆满解决。阮某、周某为表达谢意，制作锦旗一面特地送到区法援中心。

·案件评析·

随着2008年1月1日我国劳动合同法的实施，不仅使劳动者知道如何保护自己的权益，也让用人单位意识到只有规范用工才是对企业最好的保护。在法律日益健全的今天，单纯靠事后救济的方式来化解用工风险越来越不现实，只有树立起事前防范、事中控制、事后救济的风险管理模式来完善用工才能从根本上降低风险。

事前防范是企业规范用工的第一道防御，这个阶段要求用人单位建立完善的企业规章管理制度，发生劳动争议时有章可依。作为用人单位不但应当重视规章制度的实体内容具有可执行性，同时应当重视制定程序，保证程序合法。劳动合同法规定用人单位的规章管理制度必须经过劳资双方平等协商，表决通过，且规章制度必须经过公示，才能在发生争议时作为适用依据。

事中控制是企业规范用工的第二道防线，这个阶段要求用人单位执行法律和规章制度的规定严肃用工。招聘阶段，认真审查应聘人员的简历及资格，按照入职程序为新进人员办理录用手续，告知权利义务；劳动合同履行阶段，按照规章制度进行管理，及时发现员工违反规章制度的行为并履行告知义务，对于严重违反规章制度的及时下发解除劳动合同通知书。

事后救济是指在发生争议后通过协商、仲裁、诉讼方式解决。当争议发生时，最好采取协商的方式解决，尽量避免仲裁或诉讼。启动司法程序不但使企业成本增加，且对企业自身形象、长期发展有害无利。

事前防范、事中控制、事后救济的风险管理模式要求用人单位熟悉劳动法律法规，依法进行经营管理，这样才能防范与控制用工风险。

·律师支招·

随着社会的进步和发展，各种社会矛盾呈现上升的趋势。党和国家提出了构建“大调解”格局的要求，各级司法机关、法律援助部门、人民调解委员会等均鼓励当事人通过调解的方式解决纠纷。法院判决具有约束力、便于执行等优势，但也常常存在案结事未了的不足；而调解正是一种弥补这种不足的有效手段。双方当事人面对面，努力在和谐、平等的氛围中彼此沟通，心平气和的解决矛盾，免去了对簿公堂有怒气，判决后又不解气的后患。法律援助的调解更可以通过讲理与讲法结合起来的方式，促使当事人接受调解结果，提高自动履行程度，对于化解社会矛盾、解决纠纷、促进和谐社会构建，具有其他方式无法替代的作用。

·法律链接·

《中华人民共和国劳动合同法》

第四条　用人单位应当依法建立和完善劳动规章制度，保障劳动者享有劳动权利、履行劳动义务。

第十条　建立劳动关系，应当订立书面劳动合同。

已建立劳动关系，未同时订立书面劳动合同的，应当自用工之日起一个月内订立书面劳动合同。

用人单位与劳动者在用工前订立劳动合同的，劳动关系自用工之日起建立。

怀孕妇女遭解雇　劳动仲裁纠错误

法律规定，用人单位不能与合同期内已经怀孕的员工解除劳动合同；但是，劳动者石某被退工后发现自己已经怀孕。单位称石某已经领取了补偿款，确认了劳动合同解除，不同意恢复劳动关系。石某的维权主张能够得到支持吗？

· 案情回放 ·

石某2008年进入A公司工作，双方签订了为期两年的劳动合同，合同约定A公司将石某派遣至某物流公司从事海运操作工作，石某每月工资为人民币4000元。2009年，物流公司注销。石某同时收到A公司出具的退工单。遭到解雇后的石某发现自己怀孕了，经医院检查确认已怀孕40天，这意味着石某在职期间已有身孕。本来经济条件就不佳的石某怀孕的同时遭遇辞退，顿时六神无主，不知道如何是好。

石某通过媒体宣传和法律咨询，知道单位没有法定理由不能解雇怀孕女职工，于是向单位所在地的劳动争议仲裁委员会递交了仲裁申请书，请求恢复与原单位的用工关系。由于缺乏专业的法律知识，石某对于如何正确主张自己权利并不是很清楚，甚至不清楚侵犯自己的合法劳动权益的主体是A公司还是物流公司。在好心人的指点下，石某来到上海市徐汇区法律援助中心，请求法律援助。法援中心经审查，同意了石某的援助申请，并指派上海市徐汇区湖南法律服务所法律工作者唐政贵为其服务。

在对案情进行全面了解后，唐政贵告诉石某，她的用工属于劳务派遣，劳动争议另一方主体依法应当为其用人单位，即A公司。明确了争议主体，接下来就是明确申诉请求。由于此前石某在劳动仲裁申请中只提出了恢复其与原单位用工关系的申诉请求，却未主张追讨拖欠工资和社会保险，唐政贵认为这并不利于保护石某的权益，遂通过申请增加仲裁请求将诉请进行了完善。

庭审中，A公司辩称，石某原确系其员工，双方签订有劳动合同，由其将石某派遣至物流公司从事海运操作工作。后由于该物流公司注销，其与石某的劳动合同无法继续履行，故与其解除了劳动合同，当时石某实际领取了经济补偿8000元，表明其认可双方劳动合同的解除。由于公司与石某之间劳动关系的恢复没有履行的基础，故双方的劳动关系不应当恢复，其也无需支付石某离职后的工资并缴纳社会保险费。

石某则认为，根据法律规定，用人单位不能与合同期内已经怀孕的员工解除劳动合同，且即使合同期满，劳动关系也应当延续至哺乳期结束。在解除双方劳动合同时，其已经怀孕，故A公司系违法解除劳动合同，双方劳动关系应当恢复。

双方当事人各执己见，针锋相对，辩论异常激烈。仲裁委员会经审理查明事实，认为A公司作为用人单位，应当履行用人单位对劳动者的义务。在石某实际用工单位注销后，A公司仍应当对石某履行用人单位的法定义务。A公司可以将石某再次派遣至其他单位工作，或者在石某无工作期间按月支付报酬。然而，A公司未与石某进行协商就解除了双方的劳动合同，且石某在A公司解除劳动合同时已经怀孕，故确认A公司系违法解除劳动合同，裁定恢复双方劳动关系，A公司应当向石某支付工资并缴纳社会保险费。

A公司不服裁决提起诉讼，拒绝履行其用人单位的义务。本案历经法院一审和二审程序，法院驳回了A公司的诉讼请求，最终保护了石某的合法权益。

· 案件评析 ·

本案中，A公司的行为构成违法解除劳动合同是由其两个错误导致：

一是未认清劳务派遣关系中谁是履行对劳动者权利义务的主体。通常情况下，劳动关系存在于劳动者和用人单位之间，并不涉及第三方主体。但劳务派遣这种特殊的劳动关系则不同。劳务派遣关系中存在三方主体，即劳动者、用人单位和用工单位。用人单位是指劳务派遣单位，其与劳动者建立的是劳动关系，双方签订《劳动合同》；用工单位是指被派遣单位，其与劳动者建立的是用工关系。这意味着，劳务派遣单位才是劳动合同的另一方主体，其应当履行用人单位对劳动者的全部义务。可见，A公司作为劳务派遣单位是用人单位。物流公司被注销，并不意味着石某与A公司之间的劳动合同无法履行，A公司以此为由解除双方劳动合同的做法显然不符合法律规定。

二是无法定原因解除了与孕期女职工的劳动关系。我国《劳动合同法》明确规定，在没有法定理由出现时，用人单位不得在女职工孕期、产期、哺乳期解除劳动关系。本案中，A公司在解除双方劳动合同时，石某已经怀孕，而其解除劳动合同并非法定理由。

· 律师支招 ·

劳务派遣制度最初是为了规范外资在国内的用工行为而设立，后来为国内企业所采用。为了保护劳动者的合法权益，避免劳动派遣制度中不规范行为，我国《劳动合同法》对劳务派遣制度作了规定。

实践中，企业为了规避用工过程中的风险，往往通过让员工与从未接触过的某中介公司或者某劳务派遣公司签订劳动合同，形成“假派遣”。这种“假派遣”行为不仅损害劳动者的合法利益，而且当争议发生时对劳动者权利主张也是一种障碍。因此，劳动者在和用人单位签合同时一定要弄清楚签订的是劳动合同还是劳务派遣合同。如果不愿意被转成派遣工，可以拒绝签订，已经签订的可要求解除劳动合同；如果愿意被转成派遣工，则要关注工资、社保、福利等与自身利益相关的具体内容。

· **法律链接** ·

《中华人民共和国劳动合同法》

第五十八条　劳务派遣单位是本法所称用人单位，应当履行用人单位对劳动者的义务。劳务派遣单位与被派遣劳动者订立的劳动合同，除应当载明本法第十七条规定的事项外，还应当载明被派遣劳动者的用工单位以及派遣期限、工作岗位等情况。

劳务派遣单位应当与被派遣劳动者订立二年以上的固定期限劳动合同，按月支付劳动报酬；被派遣劳动者在无工作期间，劳务派遣单位应当按照所在地人民政府规定的最低工资标准，向其按月支付报酬。

第六十五条　被派遣劳动者可以依照本法第三十六条、第三十八条的规定与劳务派遣单位解除劳动合同。

被派遣劳动者有本法第三十九条和第四十条第一项、第二项规定情形的，用工单位可以将劳动者退回劳务派遣单位，劳务派遣单位依照本法有关规定，可以与劳动者解除劳动合同。

沟通多次无进步　诉调结合有成果

2008年5月的一天，18位外来务工人员派代表专程前来上海市徐汇区法援中心，送来了“人民公仆，无私为民”的锦旗和表扬信，衷心感谢徐汇区法援中心和援助律师及时伸援手，帮助他们讨回应有的权益。这面锦旗背后到底是一个什么样的案件呢？

·案情回放·

2008年4月的一天，上海市徐汇区法律援助中心突然涌进一大批外来务工人员，共计18人，他们群情激奋，要求提供法律援助，要求政府为他们主持公道，否则他们将集体到区政府门口上访。原来，他们和用人单位上海某餐饮管理有限公司发生了群体性劳动争议。

2008年3月7日，餐饮公司口头通知解除与徐某等18人签订的劳动合同，并于当晚发放了相当于一个月工资的经济补偿金后，要求18人办理离职手续。但徐某等18人认为，餐饮公司应当补发2008年3月1日至2008年3月7日的工资，并且按照劳动法相关规定支付经济补偿金、加班工资和补缴社会保险费等，双方多次沟通均无结果。徐某等18人遂向徐汇区劳动争议仲裁委员会提起劳动争议仲裁。庭审中，餐饮公司对18名外来务工人员的仲裁请求均矢口否认，双方分歧较大，未能达成调解协议。餐饮公司的强势态度让徐某等18人情绪相当激动，扬言如仲裁结果不利于他们，将采取群体上访等强硬方式交涉到底。

了解情况后，为了防止外来务工人员情绪激化，影响社会稳定，也为了切实帮助外来务工人员维护他们的合法权益，徐汇区法援中心当即作出给予法律援助的决定，并指派上海飞骋律师事务所承办此案。该所主任朱宁律师接到电话后，立即赶来了解案情，并在当天召开了紧急部署会议，成立了一个由5位资深律师组成的法律援助办案小组。

办案小组按照诉讼与调解两手准备、两头推进的指导思想开展各项工作，一方面准备仲裁庭审工作，制定相应的仲裁策略，最大限度地争取劳动者的合法权益。另一方面，统一外来务工人员的诉求，制定了详细的调解方案，与餐饮公司沟通协调，敦促其履行劳动法规定的义务。

用人单位餐饮公司意识到了自身的败诉风险，开庭后主动要求援助律师帮助调解。朱律师等人本着保护受援人合法利益的原则，在调解中努力尝试缩小双方诉求的差距。5月21日，餐饮公司与徐某等18人达成了如下调解协议：支付工资共计人民币8084元，经济补偿金共计人民币25400元，社会保险费用共计约人民币24380元。

本案得以圆满解决，18 位外来务工人员感受到了法律援助的温暖及法律的公正和尊严。

· 案件评析 ·

同工同酬是确定劳动者工资待遇的基本原则。劳动者享有劳动报酬权，即劳动者依照劳动法律关系，履行劳动义务，用人单位根据按劳分配的原则及劳动力价值支付报酬的权利。

用人单位应当按照劳动合同约定和国家规定，向劳动者及时足额支付劳动报酬。不得克扣或者无故拖欠劳动者的工资。这意味着，用人单位支付劳动报酬应当遵守四个要件：第一，按照劳动合同约定和国家规定向劳动者支付劳动报酬；第二，及时支付劳动报酬；第三，足额向劳动者支付劳动报酬；第四，禁止克扣或无故拖欠劳动者工资。

本案是一起较为圆满解决农民工劳动争议的集体纠纷案件，该案的承办律所和承办律师，在思想上高度重视，专门成立了办案小组，制定了办案思路，一手应对劳动仲裁，一手准备调解方案，是对“调诉结合”办案模式的又一次有益尝试，不仅维护了外来务工人员的合法权益，促进了社会稳定和谐，也为今后处理此类群体性纠纷提供了可以借鉴的解决方式。

· 律师支招 ·

用人单位拖欠或者未足额支付劳动报酬的，劳动者可以依法向当地人民法院申请支付令，人民法院应当依法发出支付令。

根据我国民事诉讼法的规定，权利人只有同时满足两个条件才能申请支付令：第一，双方的债权债务关系必须明确、合法；第二，权利人必须提交相应的证明材料。具体而言，劳动者如果要通过便捷程序追讨劳动报酬，必须承担一定的举证责任：首先，需要证明双方之间存在劳动关系；其次，需要证明工资标准。所以，并不是所有用人单位拖欠工资的争议，劳动者都可以通过支付令得到解决。

·法律链接·

《中华人民共和国劳动合同法》

第三十条　用人单位应当按照劳动合同约定和国家规定，向劳动者及时足额支付劳动报酬。

用人单位拖欠或者未足额支付劳动报酬的，劳动者可以依法向当地人民法院申请支付令，人民法院应当依法发出支付令。

第三十一条　用人单位应当严格执行劳动定额标准，不得强迫或者变相强迫劳动者加班。用人单位安排加班的，应当按照国家有关规定向劳动者支付加班费。

第四十六条　有下列情形之一的，用人单位应当向劳动者支付经济补偿：

（一）劳动者依照本法第三十八条规定解除劳动合同的；

（二）用人单位依照本法第三十六条规定向劳动者提出解除劳动合同并与劳动者协商一致解除劳动合同的；

（三）用人单位依照本法第四十条规定解除劳动合同的；

（四）用人单位依照本法第四十一条第一款规定解除劳动合同的；

（五）除用人单位维持或者提高劳动合同约定条件续订劳动合同，劳动者不同意续订的情形外，依照本法第四十四条第一项规定终止固定期限劳动合同的；

（六）依照本法第四十四条第四项、第五项规定终止劳动合同的；

（七）法律、行政法规规定的其他情形。

维权重在讲法理　一意孤行不可取

法律援助服务既要维护弱势群体的合法权益，又要做好普法宣传工作。求助人不应只是把法律援助当作自己维权的工具，不要简单地以为自己有委屈就能打赢官司。鲁莽冲动无济于事，证据才是制胜法宝。下面的案件就是典型的一例。

·案情回放·

2008年7月的一天，来自湖北的农民工小魏带着一肚子的怨气走进了上海市徐汇区法律援助中心。原来，他付出了劳动却没有得到应有的报酬，经过半年多的艰难讨薪之后，他为即将开庭审理的劳动报酬争议仲裁寻求法律援助。

徐汇区法援中心的工作人员还清楚地记得，当天小魏带来了劳动争议仲裁申请书和相关证据材料，当工作人员希望针对性了解案情时，却被小魏多次打断，他只顾诉说自己的委屈和遭受的不公，不理会工作人员的提问。工作人员经过对证据的分析后告诉他，现有证据不足以支持他的申诉请求，他申请仲裁胜诉的可能性很小。这个预测结果让小魏难以接受，他固执地认为自己一定能够胜诉。当工作人员提出要请专业律师为他从法律的角度分析案情和证据的时候，情绪激动的他竟然对工作人员大声呵斥："你们的顾虑完全没必要，这个案子我肯定会赢！你们这样说，是不是要打发我走？"面对小魏的质疑和不理解，工作人员对他进行了耐心的劝导和解释。小魏情绪平复后，工作人员为他办妥了法律援助申请，并指派上海美达律师事务所杨军律师为他提供法律帮助。

正如徐汇区法援中心的工作人员所料，小魏的劳动报酬争议仲裁案进行得很不顺利，因证据缺乏，仲裁委员会最终对他的申诉请求做出了不予支持的裁决。这样的裁决结果让小魏受到了沉重的打击，遂提出要向法院起诉。虽然小魏无法提供更有力的证据支持诉请，但他的遭遇确实令人同情。尽管希望很渺茫，徐汇区法援中心和杨律师都希望为他争取权利。

诉讼阶段，杨律师在精心为小魏制作起诉书和准备诉讼材料的同时，还耐心地针对案件情况为他逐一分析法律规定，让小魏对整个案件有一个冷静客观的认识。

庭审阶段，小魏对依法维护自身的合法权益有了全新的认识，不再是一味激动而拒绝沟通。在法官和杨律师的努力下，原、被告双方始终保持着心平气和的状态，给法庭调解创造了有利的环境。在法庭调解时用人单位改变了态度强硬的立场，认识到用工方面存在的不足，同意在法官的主持下进行调解。最终，双方在法官的调解下顺利达成了协议，用人单位当庭一次性给付小魏2.5万元。势不两立的双方终于化干戈为玉帛。

一桩看似没有希望的诉讼获得了意想不到的好结果，小魏难掩喜悦心情，几次想要给杨律师辛苦费，都被律师婉言谢绝。为表示对于徐汇区法援中心的由衷感谢，2009年2月的一天，他特地来到徐汇区法援中心，送上“弘扬法律精神、关注弱势群体”的锦旗表达谢意。看到小魏舒心的笑容，大家都为他感到欣慰。

我们社会上有不少为上海的经济社会发展作出积极贡献的农民工兄弟们，在他们需要法律帮助的时候，法律援助为他们打开理性维权的大门，用法律武器为他们撑起一片天。

· 案件评析 ·

现实生活中像小魏这种不善于保护自己的劳动者大有人在，但真正像他这样最终能够获得补偿的幸运者不多。本案告诉我们，鲁莽冲动无济于事，证据才是制胜法宝。俗话说，打官司就是打证据，证据在司法程序中有着至关重要的作用。

劳动争议是指存在劳动关系的当事人之间因劳动权利与义务问题而发生的纠纷。由于自身特殊性，用人单位往往比劳动者更易掌握证据，具有举证的优势。因此，我国相关法律法规针对这种特殊情况，在劳动争议案件实行举证责任倒置规则。这是根据劳动者客观上存在举证困难、专门针对用人单位提出的举证责任。《最高人民法院关于民事诉讼证据的若干规定》第六条中规定：“在劳动争议纠纷案件中，因用人单位作出开除、除名、辞退、解除劳动合同、减少劳动报酬、计算劳动者工作年限等决定而发生劳动争议的，由用人单位负举证责任。”

劳动争议案件还要把举证的一般规则与倒置规则结合适用。这是对提起劳动争议一方举证责任的要求，既可能是劳动者，也可能是用人单位。首先，应当举证证明自己的情形符合申诉或起诉的受理条件，即证明劳动关系的存在、劳动争议仲裁时效未过等；其次，就劳动内容承担举证责任，包括劳动的期限、岗位、报酬水平等条款；再次，举证证明自己的权利受到损害或损失是由于对方消极行为或积极行为造成；最后，对合同是否履行发生争议的，由负有履行义务的当事人承担举证责任。由此可见，虽然劳动争议案件存在举证责任倒置规则，但这并不等于免除了劳动者的举证责任，如举证不能同样也应承担不利后果。

· 律师支招 ·

在劳动关系中，虽然劳动者与用人单位在法律上是平等的主体，但劳动者对用人单位有一定的人身依附属性，所以劳动者在劳动关系中一般处于弱势地位；并且与劳动关系有关的证据材料基本上都由用人单位保管，这使得劳动者在诉讼中对有些事实的举证存在困难，而用人单位提供这些证据则相对容易。

如果证明劳动者履行了劳动合同义务的证据由用人单位掌握，发生争议时可要求用人单位承担举证责任；但劳动者在能掌握这些证据的情况下最好自己搜集、保存一些证据，劳动者不提供自己应当提供且能提供的证据，很可能承担败诉的风险。因此即便是应当由用人单位提供的证据，从仲裁或诉讼策略角度出发劳动者也应提交能够证明自己主张或者该证据由用人单位持有的关联证据，防止用人单位提供伪证。

·法律链接·

《中华人民共和国民事诉讼法》

第六十四条　当事人对自己提出的主张，有责任提供证据。

当事人及其诉讼代理人因客观原因不能自行收集的证据，或者人民法院认为审理案件需要的证据，人民法院应当调查收集。

人民法院应当按照法定程序，全面地、客观地审查核实证据。

《最高人民法院关于审理劳动争议案件适用法律若干问题的解释》

第十三条　因用人单位作出的开除、除名、辞退、解除劳动合同、减少劳动报酬、计算劳动者工作年限等决定而发生的劳动争议，用人单位负举证责任。

《最高人民法院关于审理劳动争议案件适用法律若干问题的解释（三）》

第九条　劳动者主张加班费的，应当就加班事实的存在承担举证责任。但劳动者有证据证明用人单位掌握加班事实存在的证据，用人单位不提供的，由用人单位承担不利后果。

劳动者被诬侵占　找依据证明清白

诉讼或者仲裁实际上是一场没有硝烟的战争，谁能打胜这场战争，关键是看谁给法律这门武器提供了有效的弹药。这个弹药就是证据，证据可以证明当事人主张的请求合理合法。我们常说事实胜于雄辩，就是这个道理。下面的案件就是一个生动的教材。

·案情回放·

李某是居住在徐汇区长桥四村的外来媳妇，2010年4月1日至11月30日在上海某服饰有限公司工作，未签订劳动合同。2010年12月1日双方解除劳动关系，服饰公司提出，李某必须交出货款4380元和返还以现金形式发放与她的2010年4月至2010年11月的综合保险费1664元，才可结清工资办理退工。李某拒绝了单位这一要求。于是，该服饰公司向徐汇区劳动争议人民调解委员会申请调解，由于双方未能达成调解协议，服饰公司遂申请劳动争议仲裁。

接到劳动争议仲裁委员会的通知后，李某吓了一跳，心里有说不出的委屈。工作没了工资拿不到了，又莫名其妙被安上侵占公司财物的罪名，现在吃了官司，说不定还会坐牢吧？李某越想越害怕，日不能息，夜不能寐，终日神情恍惚以泪洗面，不知如何维护自己的权益。在家人的陪伴下，无助的李某来到当地街道寻求帮助，正巧遇上了上海市徐汇区法律援助中心现场接待咨询。当天负责接待是上海美达律师事务所周松泉律师，他听了李某的陈述后，很快抓住了案件切入点。由于李某符合法律援助的申请条件，周律师便代其提出申请，为生活拮据的李某免去了律师提供法律服务的费用。

针对用人单位提出的仲裁申请，周律师四处奔走进行多方取证。为了证明李某并未私吞货款，周律师首先调取案发当日的提货记录进行比对，结果发现提货联上并没有李某的签字，而考勤记录显示当日根本不是李某当班，这与李某说自己案发当日休息的陈述一致。而用人单位要求李某返还的所谓综合保险费，也有证据显示这实际上是李某的绩效奖金。有了这些主要证据作为基础，周律师代李某出庭应诉，将公司子无虚有的仲裁申请驳斥得体无完肤。同时，为了维护李某的合法权益，周律师决定反守为攻，代理李某对用人单位不签订劳动合同、未缴外来人员务工保险、拖欠工资等违法行为向劳动争议仲裁委员会申请仲裁。

经过庭审质证，事情真相大白，用工单位虽百般抵赖，确凿的证据却表明事实胜于雄辩。最终，双方就劳动争议事项达成了调解协议。通过拿起法律的武器，李某不仅证实了自己的清白，而且拿回了属于自己的利益。

· 案件评析 ·

有劳动关系的存在，就有劳动争议纠纷。劳动争议发生后，劳动者如何选择合适的途径进行维权呢?

劳动争议的解决方式有多种，我国目前采取的模式是“一调一裁二审”，即调解、仲裁、一审和二审模式。调解是指有居中机构参与主持的方式，居中机构通常包括用人单位内部的劳动争议调解委员会或者人民调解委员会。调解有利于劳动争议及时、有效地得到解决，可以避免矛盾的进一步激化。

当然，不是所有争议都可以通过调解解决。如果双方不愿意协商或调解的，可直接进入司法程序。首先，用人单位与劳动者双方或一方可以向有管辖权的劳动争议仲裁委员会提起仲裁。如果对劳动争议仲裁委员会裁决不服的，当事人可以向人民法院提起诉讼。仲裁是诉讼的前置程序，换句话说，劳动争议的解决必须遵循先仲裁后诉讼的顺序进行。

实际用工过程中，像本案用人单位利用劳动者缺乏法律意识的弱点，在明明侵犯了劳动者权益的情况下，还倒打一耙的案例并不罕见。受封建传统思想影响和自身文化水平的局限，有些劳动者不能正确看待“吃官司”这件事。认为只要成了被告，自己就肯定犯了事，再加之感觉自己与单位相比力量悬殊，最后往往选择息事宁人，宁肯吃哑巴亏也不抗争。事实上，只要劳动者敢于迈出自我维权的第一步，选择了适合的维权方式，往往就能还自己一个清白。

· 律师支招 ·

劳动者在自身的合法权益遭到侵犯时，不仅要注重实体证据的把握，还要选择合理的解决途径，以达到维护自己合法权益的目的。

劳动争议仲裁和法院诉讼虽然能够达到解决争议的目的，但往往耗费时间和精力。从提起仲裁到二审结束，一个简单的劳动争议往往会历时一年半载才能解决。有些当事人明明没有道理，却死咬着不放，即使仲裁败诉，还是坚持提起一审，甚至二审。虽然法律赋予了每个人的诉讼权利，但诉权的滥用，不仅仅浪费国家资源，更可能会让自己自食其果。当劳动争议发生后，如果选择通过协商或者调解的方式解决纠纷，只要双方有诚意，矛盾往往能迎刃而解。和谐社会建设，人人都有责任。

· 法律链接 ·

《中华人民共和国劳动法》

第七十七条　用人单位与劳动者发生劳动争议，当事人可以依法申请调解、仲裁、提起诉讼，也可以协商解决。

调解原则适用于仲裁和诉讼程序。

第八十条　在用人单位内，可以设立劳动争议调解委员会。劳动争议调解委员会由职工代表、用人单位代表和工会代表组成。劳动争议调解委员会主任由工会代表担任。

劳动争议经调解达成协议的，当事人应当履行。

九零后工伤致残　智用法解决困难

18岁，正是一个人风华正茂的年龄。然而，本案的主人公——18岁的小潘却因工伤躺在了病床上，而且还可能要在病床上度过余生。工伤剥夺了他劳动创造财富的能力，威胁着他生机勃勃的年轻生命。那他会获得怎样的赔偿呢？

·案情回放·

2009年8月，小潘的哥哥愁容满面地找到了上海市徐汇区法律援助中心，为工伤致残的弟弟申请法律援助。原来，年轻的九零后湖北小伙潘某，因家庭贫困18岁即来上海打工，没想刚到新单位工作不久，就从工地脚手架上摔了下来，当即昏迷不醒，被送到医院急救。经抢救虽然保住了性命，但由于椎体骨折，花季年华的小潘将面临终身瘫痪的残酷命运，一辈子要依赖年迈的父母和兄长照料。此时家人已为他花了好几万元的治疗费，面对今后漫长的康复治疗和生活护理责任及即将产生的巨额费用，小潘和家人都背负上了沉重的心理负担，今后的日子该怎么过？这个本就贫困的家庭蒙上了挥之不去的阴影，小潘几乎没有了生活下去的勇气。

徐汇区法援中心了解情况后，及时指派了在劳动纠纷处置方面有丰富经验的上海市汇业律师事务所廖明涛律师和芮丽丽律师承办此案。经了解，小潘的工伤鉴定构成一级伤残，但在他受伤时为其缴纳外来人员综合保险的是原工作单位，与小潘受伤时所在的单位不是同一家，小潘是通过劳务派遣到事发项目工地工作的，这些因素给小潘的劳动关系确认带来了麻烦，案情显得颇为复杂。

律师调查取证之初，各单位之间相互推诿、不予配合。由于两位援助律师锲而不舍地调查和多方沟通，终于取得了小潘缴纳综合保险的单据以及原单位错缴了保险而导致新单位无法为其续缴保险的证明文件，小潘因此从保险公司获得了约83万余元人民币的工伤保险赔偿，暂时解了小潘治病的燃眉之急。

2010年4月份，徐汇区法援中心在与小潘的沟通中了解到对方单位还拖欠了他一笔工资、经济补偿等相关费用，于是决定再次给予小潘法律援助，仍然指派廖律师和芮律师承办。律师在搜集了相关证据后向徐汇区劳动争议仲裁委员会申请仲裁。仲裁过程中，两位援助律师帮助小潘与用人单位达成了调解协议，该单位自愿支付小潘工资及经济补偿金，并为其报销医药费、住院费用等共计人民币5万元。

这是徐汇区法援中心近年来受理的伤情最为严重的一起工伤

纠纷，案情复杂，当事人的维权之路也非常曲折。用人单位由原来的态度强硬、让廖律师和芮律师吃闭门羹到后来坐下来谈判、最后双方达成一致的调解协议，历时将近一年，最终维护了外来务工人员的合法权益、维护了公平与正义。案件圆满结束后，小潘的家属感激不尽。特意送来锦旗，并在随案意见征询表中写到："社会需要你们，弱势群体需要你们！谢谢！"

· 案件评析 ·

本案中，劳动者小潘因公致残理应获得工伤理赔，却因社会保险缴纳方与实际用人单位不是同一家企业而使一个原本简单的案件变得异常复杂。

工伤事故是指劳动者因工作遭受伤害或者因工作罹患的职业病。为了保障受工伤的劳动者获得医疗救治和经济补偿，促进工伤预防和职业康复，分散用人单位的工伤风险，法律要求用人单位按时为劳动者缴纳工伤保险费，劳动者个人无需缴纳工伤保险费。《中华人民共和国社会保险法》规定，用人单位应当为发生工伤的劳动者缴纳工伤保险而未缴纳的，由用人单位按照法定标准支付工伤保险待遇。

本案中，小潘与新单位建立劳动关系，为其缴纳工伤保险费的义务主体就是新单位。如果新单位无法证明其未为小潘缴纳工伤保险费是非恶意行为，导致保险公司拒绝理赔，新公司将承担按照法定标准支付工伤保险待遇的不利后果。用人单位在了解法律的规定后，意识到自己将要承担的风险和责任，一改先前不配合劳动者的态度，在小潘以后向保险公司提出理赔的过程中，用人单位发挥了重要作用。

·律师支招·

这起工伤案件，由于非劳动者的原因——事故发生当月的综合保险缴费单位和签订劳动合同的用人单位不一致造成了理赔的艰难。这种现象在建筑施工企业并不少见。由于外来务工人员流动性非常大，工头在哪里接了活就在哪里做，甚至有的这个月在这个工地上，下个月可能就在另外一个工地上了。如果综合保险缴纳未衔接好，一旦发生工伤事故，理赔就很可能出现问题。

通过这个援助案例，我们可以总结出以下几点经验教训：1. 用人单位一定要依法及时为劳动者缴纳社会保险，这不仅为劳动者提供了保障，同时也为企业自身提供了保障；2. 用人单位还应加强用工管理，定期核查用工保险缴纳人员名单，尽量避免出现用工单位与保险缴费主体不一致的情形；3. 劳动者就业时一定要与用人单位签订书面劳动合同，发生纠纷时用法律武器维护自己的合法权益，切勿私了。

·法律链接·

《中华人民共和国工伤保险条例》

第十条　用人单位应当按时缴纳工伤保险费。职工个人不缴纳工伤保险费。

第六十二条　用人单位依照本条例规定应当参加工伤保险而未参加的，由社会保险行政部门责令限期参加，补缴应当缴纳的工伤保险费，并自欠缴之日起，按日加收万分之五的滞纳金；逾期仍不缴纳的，处欠缴数额1倍以上3倍以下的罚款。

依照本条例规定应当参加工伤保险而未参加工伤保险的用人单位职工发生工伤的，由该用人单位按照本条例规定的工伤保险待遇项目和标准支付费用。

用人单位参加工伤保险并补缴应当缴纳的工伤保险费、滞纳金后，由工伤保险基金和用人单位依照本条例的规定支付新发生的费用。

绿色通道显威力　劳动报酬全追回

“绿色通道”是方便快捷的代名词，在法律援助的工作中对于农民工讨薪设立“绿色通道”不仅是对他们生存的关注，更是对他们人格尊严的平等守护……

· 案情回放 ·

2007年5月的一个下午，徐汇区人民政府信访接待室涌入15名外来务工人员。他们均为上海某酒类经营部的员工，声称所在单位不仅拖欠加班工资，且从未为他们缴纳过综合保险，现单位即将解散，他们无法讨回应得的劳动报酬，故向政府求助。在该信访办法律援助工作站值班的是上海世理律师事务所周松泉律师，考虑到本案系群体性上访案件，必须慎重对待，周律师在安抚教育上访者的同时，积极引导他们通过法律途径解决纠纷并及时联系了上海市徐汇区法律援助中心。

法援中心在调查核实的基础上，马上组织工作人员讨论研究，认为该案为群体性案件，必须重视，且应引导其以诉讼方式解决问题。徐汇区法援中心根据相关法律援助规定给予了12名外来务工人员法律援助，启动了农民工讨薪的“绿色通道”，第一时间指派周律师承办。周律师了解到，该单位面临解体，如果不能在单位解散之前为15名外来民工讨回利益，案件处理将会非常艰难。由于时间紧迫，周律师深知争取双方达成调解方案是最好的解决办法。在周律师帮助下，15名员工向徐汇区劳动争议仲裁委员会申请仲裁，并表达了愿意接受调解快速结案的想法。

这15位外来务工人员分别来自四川、安徽、湖北等地，年龄在20岁至50岁之间，文化程度很低，多半是文盲，家庭经济拮据，为改善生活，先后来到上海打工，并进入现在的单位从事酒类搬运工作，其中8人负责将货从船上卸下，另外7人负责将货运往各个批发点和销售点。由于搬运工作均被限定于货到当天完成，所以15人经常加班，他们的工资单填写的每月工作日均超过30天。然而，辛勤的劳动并没有换来同等的报酬，用人单位不但拒绝支付加班工资，而且从未为他们缴纳过任何保险。仲裁委了解了劳动者的请求与相关事实后，于开庭前和用人单位进行了沟通，为促成案件的尽快调解成功做了大量工作。开庭中，用人单位提出了调解方案，同意支付这些员工的加班工资和补缴外来人员综合保险。但用人单位认定的用工时间起点和加班时间长短与劳动者提出的相差甚远，双方的调解又陷入僵局。由于周律师事先做了充分的证据收集和整理工作，使得劳动者的诉请有理有据，而用人单位的辩驳显得苍白无力。在证据面前，用人单位不得不承认事实、作出让步，双方终于在仲裁员的主持下达成了调解协议。

一场群体性案件以最快最有效的方式圆满解决，每位劳动者都获得了应有的补偿，为了表示感激，他们向徐汇区法律援助中心和周律师送上锦旗，上面写道："有你们的真诚援助，使我们外来民工活得更有尊严。"

· 案件评析 ·

本案是一起群体性劳动关系纠纷，俗称农民工集体讨薪。这类案件处理难度很大，由于涉案人多、人员素质参差不齐，处理稍有不慎就可能引发大规模的暴力性事件，一发不可收拾。本案中用人单位和劳动者因未签订劳动合同，双方对用工关系开始时间产生了争议。我国劳动合同法第七条明确规定，用人单位自用工之日起即与劳动者建立劳动关系。通俗地讲，就是自劳动者第一天上班，和用人单位就建立了劳动合同。同时，该法还规定，建立劳动关系，应当订立书面劳动合同。为了给用人单位充分的时间准备书面劳动合同，法律将订立劳动合同的时间放宽至用工之日起一个月。由此可见，劳动合同的签订时间有可能滞后于实际用工时间，当两者不一致时，应当以实际用工时间为准确定劳动者和用人单位建立劳动关系的时间。本案15名劳动者和单位均未订立劳动合同，他们之间的劳动关系应当从实际用工之日起算。

不订立劳动合同对劳动者是一种潜在的威胁，一旦双方发生劳动争议，如果用人单位对劳动关系矢口否认，则需要由劳动者来证明双方劳动关系的存在，不仅增加了劳动者的举证责任，也可能面临无法举证而不能获得法律救济的风险，自己权益受损。因此，劳动者应当加强自身法律保护的意识，主动要求与用人单位签订劳动合同。

· 律师支招 ·

劳动者的基本权利是法律赋予的，受到法律保护，任何人都不得侵犯。劳动者入职后，首先，要保留能够证明自己与企业已经建立实际用工关系的证据；其次，劳动者应当关注劳动合同何时签订，如果在合理的期限内用人单位仍然没有签订劳动合同的意思表示，劳动者应当主动问询；再次，劳动者应当保留加班的相关证据。如果用人单位无理拒绝签订劳动合同，劳动者应当适时采取法律手段维护合法权益，如果穷途末路才想到救济，最终损害的是自己的利益。

· 法律链接 ·

《中华人民共和国劳动合同法》

第七条　用人单位自用工之日起即与劳动者建立劳动关系。用人单位应当建立职工名册备查。

第十条　建立劳动关系，应当订立书面劳动合同。

已建立劳动关系，未同时订立书面劳动合同的，应当自用工之日起一个月内订立书面劳动合同。

用人单位与劳动者在用工前订立劳动合同的，劳动关系自用工之日起建立。

第八十二条　用人单位自用工之日起超过一个月不满一年未与劳动者订立书面劳动合同的，应当向劳动者每月支付二倍的工资。

用人单位违反本法规定不与劳动者订立无固定期限劳动合同的，自应当订立无固定期限劳动合同之日起向劳动者每月支付二倍的工资。

交叉培训瞒实情　换岗事实被查明

法律面前人人平等，劳动者与用人单位也地位平等。平等就意味着互相尊重和友好协商。但在市场经济时代，企业的出资方掌握着劳动者赖以谋生的生产资料，所以现实中劳资关系不平等的情况屡屡发生，本案就是一个典型例子。

·案情回放·

梁某等四人是某知名酒店的中层干部，分别担任党支部委员、工会委员及职工集体合同谈判代表等职务，他们在企业改制、重建和全球金融危机的关键时刻，为企业的发展、劳动关系的和谐构建及社会稳定发挥了积极作用。没想到的是，他们也遭遇了劳动纠纷。

梁某等人任职的酒店是总公司旗下的一家子公司，2009 年 7 月，酒店在未与他们协商的情况下，突然宣布将他们调往总公司参加企业文化“交叉培训”，承诺培训期间的工资和职务保持不变。尽管对公司的做法不满，但梁某等还是按公司要求办理了交接手续，到总公司报到并开始“培训”。

很快，他们就察觉出其中的猫腻。在总公司他们并没有参加所谓的企业文化交叉培训，所做的工作和实际上班并没两样。所不同的是，岗位换了，级别也低了。四人明白交叉培训是假，变更岗位是真。对于公司这种单方面调动工作岗位的做法他们无法认同，于是先后向酒店总经理和酒店工会提出申诉并自行返回原酒店，坚决要求酒店继续履行原劳动合同。酒店工会支持了他们的申诉并复函。但是，酒店领导对他们的申诉和工会的意见却置之不理，还以不服从管理为由对四人做出了降职及记大过处分。同年 10 月，酒店单方面解除了与梁某等四人的劳动合同。

事发后，梁某等人先后来到上海市总工会、政府信访办、街道等部门反映情况，尽管相关部门出面帮助调解，但始终未能促成双方解决争议。于是，梁某四人决定通过司法程序维护自身合法权益。在总工会法律援助分中心的指导下，他们来到上海市徐汇区法律援助中心申请法律援助。

考虑到申请人失业生活困难，并已经多次走访相关部门，给社会造成了一定的负面影响，若此时法律援助将其拒之门外，可能会使矛盾激化，给社会带来不稳定的因素。为此，徐汇区法援中心决定给予他们法律援助，并指派业务精湛的上海市浩信律师事务所欧阳润律师承办此案。

立案后，上海市劳动仲裁委员会对该案进行调解，但由于双方意见差距太大，第一次调解没有成功。庭审过程中，欧阳律师从多方面阐述了事实与理由，论证用人单位单方面调动劳动者岗位和擅自解除劳动合同的行为于法无据。在证据和法律面前，用人单位认识到自己败诉的风险，遂转变了强硬态度同意调解，最终双方达成调解协议。

· 案件评析 ·

本案中，用人单位假借培训之名，实际上是对劳动者岗位进行变更。这种非法定原因调整劳动者工作岗位的做法，实际上就是劳动合同的变更。劳动合同变更，是指劳动合同在履行完毕前，经用人单位和劳动者双方当事人协商同意，对劳动合同内容进行变更的法律行为。变更内容一般为工作岗位、工作地点、劳动条件、工资标准等的变更，且必须采用书面形式。

劳动合同的变更应当采取自愿协商的方式，未经双方协商一致不得单方面变更劳动合同。合同一方当事人未经对方当事人同意单方面变更合同内容的，不具有法律效力，这种擅自改变合同的做法属于违约行为。

本案中，用人单位在未与劳动者协商一致的情况下，以“名为培训实为调岗”的方式对劳动者的工作岗位擅自变动缺乏法律依据，对劳动者没有约束力。

· 律师支招 ·

在实际用工过程中，处于强势地位的用人单位根据自身需要，往往会单方面对劳动者的待遇或者岗位进行调动。劳动者要么默默忍受，要么奋力反抗。其实，当劳动者遭遇企业降级、降薪和调岗时，只有依法保护自己权益才是聪明的做法。

现实中我们常遇到这样的情况，用人单位单方面调动岗位，劳动者为表示不满，不由分说一赌气半个月不去上班，以为用人单位有错在先不会对自己怎么样。过了半个月回去上班，接到的却是用人单位以其连续旷工为由，作出与其解除劳动合同的决定。要知道，在某些情况下，用人单位调整劳动者的工作岗位也是符合法律规定的。劳动者不愿意从事新的岗位工作，可与单位协商变更劳动岗位或者辞职，如果不分情况一味采取过激手段维权或者旷工，反而有可能让单位抓到把柄，出现对自己不利的后果。

· 法律链接 ·

《中华人民共和国劳动合同法》

第三十五条　用人单位与劳动者协商一致，可以变更劳动合同约定的内容。变更劳动合同，应当采用书面形式。

变更后的劳动合同文本由用人单位和劳动者各执一份。

《中华人民共和国劳动法》

第十七条　订立和变更劳动合同，应当遵循平等自愿、协商一致的原则，不得违反法律、行政法规的规定。

劳动合同依法订立即具有法律约束力，当事人必须履行劳动合同规定的义务。

随意解雇拒赔偿　查明真相讨公道

五四运动时期，年轻的共产主义者告诉工人阶级，他们是“天”。因为工人二字竖着写就是“天”字。今天的社会是五四运动后不断进步、不断文明产物，劳动者的地位同样应当得到尊重。

· 案情回放 ·

作为一个女人，林某尝尽了生活的甜酸苦辣，离了婚的她是既当爹来又当娘。2003 年 11 月，为走出贫困，改变孩子的命运，她带着刚满 7 岁的女儿千里迢迢来到上海，加入了打工妹行列。凭着一技之长，林某很快在人才交流市场找到了一份样衣工的工作，并与某时装公司签订了劳动协议，约定每月工资 1200 元，加班工资另计。

光阴荏苒，转瞬已是 2005 年，林某女儿就读的学校再三反映，由于林某天天加班无暇顾及女儿，女儿成绩下降明显，且情绪反常，有厌学、逃学的现象，希望林某妥善处理。一边是难得的工作，是娘俩生存的物质基础；一边是女儿的学业，是她未来的寄托。林某左右为难。此时，学校将此事反映到林某工作的公司，公司领导迫于学校压力，同意给林某调换工作岗位，并安排林某休假一周。不料，公司随后却以林某对更换工种不满意擅自离职为由，辞退了林某。林某左思右想，怎么也想不通，她听从公司领导的话，在家休息一周，决定接受清洁工的工作安排，一周后，她来到公司，等待她的竟然是公司辞退她的口头通知！不甘心的林某几次到公司交涉，均被拒之门外。出于无奈，她向街道劳动监察大队投诉，经协调，林某只拿回了公司拖欠的工资和奖金，却没有获得经济补偿金。

公司随意辞退员工的行为难道是合法合理的吗？林某心中不服气。她又找到了外地劳动力管理办公室。在这次协调中，公司方强调：公司并没有辞退林某，只是更换了工种，是林某对此不满意，擅自离职的，所以公司不承担补偿责任及支付相应的补偿金。对方似乎说得理直气壮，而林某是一个外来妹，觉得公司是在强词夺理，不知道如何辩驳。最后，外地劳动力管理办公室出具了调解不成通知书。

难道真的有理无处说了吗？外来妹只能忍气吞声吗？通过老乡的指点，林某怀着忐忑不安的心情来到了上海市徐汇区法律援助中心。“援助之手，法律之盾”八个大字点燃了林某的一丝希望。经审核，林某符合法律援助条件，徐汇区法援中心接受了其申请，并指派上海市徐汇区康健法律服务所法律工作者王慕均承办此案。

在王慕均的帮助下，林某将某公司告上法院，主张公司的辞退行为是违法解除劳动合同的行为，依法应当支付给自己经济补偿金。庭审中，王慕均以证据为基础，从事实、情理、法理三方面阐述了某公司行为的违法性，还原了事情真相。在事实和证据面前，公司不得不卸下盛气凌人的面具，在法院主持下双方达成调解协议。

一波三折之后，林某不仅为自己讨了个说法，而且还拿到了应得的补偿金。感动之余林某没有忘记感恩，她分别给王慕均和徐汇区法援中心送上锦旗：“热忱相助暖民心，感谢政府感谢党。”

· 案件评析 ·

用人单位违反法律规定解除或者终止劳动合同的行为主要包括以下两种情形：第一，用人单位违反我国劳动合同法第四十二条的规定，在法律明确规定不得解除劳动合同的情形下解除劳动合同。第二，用人单位在解除劳动合同时，没有遵守法定的程序。用人单位可以单方面解除劳动合同，但需要满足法律规定的程序。比如，法定情形出现时，用人单位可以提前三十天以书面形式通知劳动者本人或者额外支付劳动者一个月工资后解除劳动合同。如果用人单位解除劳动合同既未提前通知，又未支付代通金，这样的解除就属于违法解除。如果用人单位违反劳动合同法的规定解除或者终止劳动合同，应当承担法律责任，依照我国劳动合同法第八十七条规定的经济补偿标准二倍向劳动者支付赔偿金。

本案中，用人单位在两种情形下可以依法调动林某的工作岗位：第一，与林某协商一致可以变更工作岗位。变更工作岗位实际上是劳动合同的变更。劳动合同是劳动关系双方协商达成的协议，对于约定的内容，只要是经双方当事人协商一致达成的，都可以变更。变更劳动合同必须采用书面形式。第二，劳动者不能胜任工作，用人单位可以调整其工作岗位。对于这样的劳动者，用人单位可以对其进行职业培训，提高其职业技能，也可以将其调换到能够胜任的工作岗位上，这是用人单位负有的协助劳动者适应岗位的义务。如果单位尽了这些义务，劳动者仍不能胜任工作，说明劳动者不具备在该单位的职业能力，单位可以依法定程序解除与该劳动者的劳动合同。本案中，用人单位变更林某的工作岗位并不是因为林某无法胜任工作，故应当与林某协议一致变更。该公司以林某对更换后工种不满意擅自离职为由辞退林某的行为，已构成违法解除，依法应当支付经济补偿金。

·律师支招·

为了鼓励双方当事人全面履行劳动合同，维护长期稳定的用工关系，我国劳动合同法规定了相当于经济补偿金二倍的经济赔偿金。这一关于经济赔偿金以及经济补偿金计算标准的新规定，仅适用于2008年1月1日后发生的违法行为。

近年来，就业形势恶化，就业压力增大，在“僧多粥少”的就业形势下，用人单位随意撕毁劳动合同、恶意违约的情况时有发生，而劳动者为谋一份工作，只能忍气吞声。随着我国劳动合同法的颁布实施，劳动者有了维护自己合法权益的尚方宝剑，面对企业的违法行为，劳动者应当勇敢地拿起法律的武器。只有学法用法，劳动者的合法权益才能得到保护，和谐的劳资关系才能建立。

· **法律链接** ·

《中华人民共和国劳动合同法》

第三十五条　用人单位与劳动者协商一致，可以变更劳动合同约定的内容。变更劳动合同，应当采用书面形式。

变更后的劳动合同文本由用人单位和劳动者各执一份。

第四十条　有下列情形之一的，用人单位提前三十日以书面形式通知劳动者本人或者额外支付劳动者一个月工资后，可以解除劳动合同：

（一）劳动者患病或者非因工负伤，在规定的医疗期满后不能从事原工作，也不能从事由用人单位另行安排的工作的；

（二）劳动者不能胜任工作，经过培训或者调整工作岗位，仍不能胜任工作的；

（三）劳动合同订立时所依据的客观情况发生重大变化，致使劳动合同无法履行，经用人单位与劳动者协商，未能就变更劳动合同内容达成协议的。

第八十七条　用人单位违反本法规定解除或者终止劳动合同的，应当依照本法第四十七条规定的经济补偿标准的二倍向劳动者支付赔偿金。

◦ 损害赔偿篇 ◦

“锦旗”内容摘录：

“肩负道义　手扶弱者”
“法律的维护神　帮困的热心人”
“无私援助贫弱者　高风亮节献爱心”
“谢您们维权获六万　是我们一生中的惊喜”
“无私援助　讨回伤残金”
“法律援助　老百姓的保护伞”

肇事者无力赔付　令保险先行救助

驾驶人醉酒肇事，保险公司不赔，说是机动车交通事故责任强制保险条款的规定。老王就倒霉地在交通事故遇到了醉酒驾驶的情形，驾驶员无力赔偿，保险公司振振有词地拒赔。老王真的走投无路了吗?

·案情回放·

2008年一天的凌晨一点多，外来务工人员老王骑着自行加装了动力装置的三轮车横穿马路，不料与一辆急驰而来的轿车相撞，惨剧瞬间发生，老王顿时不省人事。交警部门认为，双方都有严重的交通违法行为。肇事司机为醉酒驾驶，老王擅自在人力三轮车上加装电动马达且横穿车行道时未下车推行，故认定双方承担事故的同等责任。

经医院全力抢救，老王保住了性命，但颅脑受伤留下严重后遗症，且双侧颅骨缺损，急需再次手术修补。前期治疗已经花光了老王一家的所有积蓄，还借了不少债。为筹集7万元的二次手术费，老王把肇事司机和保险公司一并诉至法院，要求赔偿前期医疗费10万元。法院经审理认为，“司机醉酒驾驶”属于道路交通事故责任强制保险（也就是我们通常所说的“交强险”）的免责事由，认定保险公司不承担赔偿责任，判令肇事司机按照交通事故责任60%的比例赔偿老王6万元。可肇事司机没有赔偿能力，这个判决对老王来说是望梅止渴。无奈之下，老王拿着判决书来到上海市徐汇区法律援助中心求助，法援中心当即指派上海市华夏律师事务所许德学律师承办此案。

在许律师的帮助下，该案被二审法院裁定发回原审法院重审。重审中，许律师提出肇事者胡某系醉酒驾车，不应当只承担事故同等责任的意见，请求法院重新认定该起交通事故责任。许律师同时指出，事故的赔偿主体应当是胡某，保险公司承担连带责任。保险公司答辩称，涉案车辆确在其保险公司投保强制保险，但被告胡某醉酒驾驶，保险公司无需承担赔付责任。原、被告各执一词，辩论十分激烈。法院审理认为，胡某确系酒醉驾车，老王横过车行道未下车推行，双方的行为均存在过错。但根据原、被告各自的过错程度及其对引发事故的原因力大小，交警部门认定原、被告承担同等责任不妥，法院予以调整：胡某醉酒后驾驶机动车，对交通安全有极大的危害性，是事故发生的主要原因，承担事故主要责任，老王就其过错承担事故次要责任；又鉴于被告胡某驾驶的是机动车，具有更大的危险性，应适当加重其责任程度，故胡某就交通事故造成老王的损害后果承担80%的赔偿责任；肇事司机醉酒驾驶不能认定为保险公司的免责事由，故判令保险公司在交强险范围内承担赔偿责任。

一个月后，老王拿着来之不易的赔偿金住入医院做了颅骨修补手术。半年后，重获新生的老王一家再次来到徐汇区法援中心，送上了“无私奉献，排忧解难”的锦旗。

· 案件评析 ·

本案是一起交通事故纠纷，对责任认定和责任承担，一审判决和再审判决作出了截然不同的判决。责任承担争议的焦点之一是被保险人醉酒驾驶是否属于保险公司机动车交通事故责任强制保险免责事由。

“交强险”，是由保险公司对被保险机动车发生道路交通事故造成受害人（不包括本车人员和被保险人）的人身伤亡、财产损失，在责任限额内予以赔偿的强制性责任保险。通常情况下，保险公司应当在交强险责任范围内承担道路交通事故的赔偿责任，但以下四种情形发生时保险公司对受害人的财产损失不承担责任：驾驶人未取得驾驶资格、驾驶人醉酒、被保险机动车被盗抢期间肇事、被保险人故意制造道路交通事故。本案的一审法院就是根据上述免责情形认定驾驶人胡某系醉酒驾车，判令保险公司不应当承担赔偿责任。

但是，任何法律都不能很表面地仅理解其纸面文字的意思，应当深入地理解该法的立法本意。交强险是国家为维护社会大众利益，以法律法规的形式强制推行的保险，其主要目的在于保障机动车道路交通事故的受害人能得到及时救助。驾驶人醉酒驾车是一种非常恶劣的行为，这种情况下发生的交通事故，如果免去保险公司的赔偿责任，无疑会损害受害人的利益，与法律设立交强险的目的相矛盾。《机动车交通事故责任强制保险条例》第二十一条第2款规定："道路交通事故的损失是由受害人故意造成的，保险公司不予赔偿。"第二十二条　有下列情形之一的，保险公司在机动车交通事故责任强制保险责任限额范围内垫付抢救费用，并有权向致害人追偿：

（一）驾驶人未取得驾驶资格或者醉酒的；

（二）被保险机动车被盗抢期间肇事的；

（三）被保险人故意制造道路交通事故的。

可见，保险公司对保险事故承担无过错赔偿责任，只有在受害人故意肇事致伤的情况下，保险公司才能完全免除对受害人的先行赔偿责任。而上面提到的保险公司其他免责情形，并非针对受害人设定，应当理解为上述情形下，保险公司并非赔偿责任的终局承担者，可在其先行向受害人承担赔偿责任后再向责任人追偿。

由此可见，保险公司负有在交强险限额内直接向事故受害人赔偿损失的法定义务，免除该义务的唯一情况是受害人故意导致的事故。本案一审法院的判决显然有误，保险公司应当先行赔付受害人老王之后，再向被保险人即胡某进行追偿。

·律师支招·

作为现代社会与人关系最密切的交通工具——机动车辆，也带来了交通事故这一和平年代的“战争”。每年交通事故带来的人身损害和财产损失令人触目惊心。虽然“红灯停，绿灯行”，“宁停一分，不抢一秒”等交通安全行为准则大家都耳熟能详，但不少人却对此不以为然，依旧目中无车地穿梭于道路两旁。从交通事故发生的原因看，绝大部分都是由于当事人未遵守交通法规，疏忽大意造成的。

每一起小事故都可能演变成车毁人亡的大事故。因此，每一个人都应该把交通安全落实在行动上，将遵守交通安全法律法规、珍视生命安全的意识真正扎根在心底，这远胜于交通事故发生后获得救济。

· 法律链接 ·

《中华人民共和国道路交通安全法》

第七十五条　医疗机构对交通事故中的受伤人员应当及时抢救，不得因抢救费用未及时支付而拖延救治。肇事车辆参加机动车第三者责任强制保险的，由保险公司在责任限额范围内支付抢救费用；抢救费用超过责任限额的，未参加机动车第三者责任强制保险或者肇事后逃逸的，由道路交通事故社会救助基金先行垫付部分或者全部抢救费用，道路交通事故社会救助基金管理机构有权向交通事故责任人追偿。

第七十六条　机动车发生交通事故造成人身伤亡、财产损失的，由保险公司在机动车第三者责任强制保险责任限额范围内予以赔偿；不足的部分，按照下列规定承担赔偿责任：

（一）机动车之间发生交通事故的，由有过错的一方承担赔偿责任；双方都有过错的，按照各自过错的比例分担责任。

（二）机动车与非机动车驾驶人、行人之间发生交通事故，非机动车驾驶人、行人没有过错的，由机动车一方承担赔偿责任；有证据证明非机动车驾驶人、行人有过错的，根据过错程度适当减轻机动车一方的赔偿责任；机动车一方没有过错的，承担不超过百分之十的赔偿责任。

交通事故的损失是由非机动车驾驶人、行人故意碰撞机动车造成的，机动车一方不承担赔偿责任。

《机动车交通事故责任强制保险条例》

第二十一条　被保险机动车发生道路交通事故造成本车人员、被保险人以外的受害人人身伤亡、财产损失的，由保险公司依法在机动车交通事故责任强制保险责任限额范围内予以赔偿。

道路交通事故的损失是由受害人故意造成的，保险公司不予赔偿。

第二十二条　有下列情形之一的，保险公司在机动车交通事故责任强制保险责任限额范围内垫付抢救费用，并有权向致害人追偿：

（一）驾驶人未取得驾驶资格或者醉酒的；

（二）被保险机动车被盗抢期间肇事的；

（三）被保险人故意制造道路交通事故的。

有前款所列情形之一，发生道路交通事故的，造成受害人的财产损失，保险公司不承担赔偿责任。

停车收费被撞伤　损害赔偿能主张

停车收费本是寻常事一桩，可就是有人不愿意遵守规则，于是矛盾不可避免地产生。一旦行为人情绪失控，由此引发损害赔偿案实在得不偿失。

· 案情回放 ·

王某是某公司停车场管理员。一天，周某开了辆沪牌小客车进停车场，没交停车费就办事去了。后来，周某将车开至停车场门口准备离开时，王某将其车辆拦下收取停车费。周某觉得停车不到一小时，不愿意支付，为此双方发生争执。当王某走到周某车辆的左侧前方与其理论时，周某突然将车向右转欲强行开出停车场，不料将一旁的王某挂倒在地，并拖出几米远，致使王某倒地受伤，周某则迅速开车离去。

王某受伤后报警，警方开具验伤单，并送往医院治疗，后王某自行转诊到其他医院。由于身体多处拉伤，王某只能卧床休养，经受疼痛的折磨，但周某对此却不闻不问。由于周某态度强硬，双方未能在警方的主持下调解成功。无奈之下，王某寻求法律保护。王某是外地来沪打工者，老家是乡里特困户，根本无力聘请律师。一筹莫展之际，他来到上海市徐汇区法律援助中心寻求帮助，法援中心工作人员热情接待了他，了解案情后及时为他办妥了法律援助手续，并指派上海市君成律师事务所李峰律师为其提供法律服务。

李律师接受指派后走访了案发现场和公安局等处，调取了事故发生时马路对面的摄像头记录，记录显示确实是周某开车将王某带倒，其行为已构成侵权，依法应当承担赔偿责任。另一方面，王某是在工作时为履行自己的职责而受伤，依法也可以向其用人单位主张权利。两相对比，后一种方式可能获赔较为便捷。李律师将建议告诉了王某，王某却不太愿意向单位主张赔偿。原来，王某系原单位协保人员，现用工单位没有为其缴纳社会保险，这意味着无法从保险公司获赔，如果起诉实际用工单位，可能单位要承担无过错责任。王某考虑到与该单位关系一向很好，故不愿意让单位承担这赔偿义务。李律师尊重当事人的意愿，直接帮助其起草法律文书，起诉了周某。

李律师首先向法院提出了“三期”(休息、营养、护理期限)鉴定的申请。鉴定结论为：王某遭钝性外力作用致右肩、双手多处软组织损伤，右肩关节活动受限，未达等级伤残。酌情给予治疗休息三个月、营养一个月，不需护理。依据鉴定结论，王某可获得人身损害赔偿。庭审中，周某答辩称，当时双方发生了争执，但自己的车与王某身体未发生接触，其开车的行为不具有违法性，王某的损害结果与自己无因果关系，不同意王某的诉讼请求。李律师遂将调取的录像资料、鉴定结论等作为证据提交法庭，诸多证据显示王某的伤系周某所致。铁证如山，周某的辩解显得苍白无力。法院经审理后查明了事实真相，认定王某的损伤系周某造成，故判令周某赔偿王某的损失。

这起由停车费引发的人身损害赔偿案件落下了帷幕，王某的合法权益终于得到了维护。

· 案件评析 ·

本案的王某在工作期间被周某撞伤引发损害赔偿纠纷。王某可以通过两种途径获得赔偿，即向雇主主张权利或者向侵权人周某主张权利。简单地说，本案中雇主责任与第三人侵权责任相竞合，王某可以进行选择。

《最高人民法院关于审理人身损害赔偿案件适用法律若干问题的解释》第十一条第一款规定：雇员在从事雇佣活动中遭受人身损害，雇主应当承担赔偿责任。雇佣关系以外的第三人造成雇员人身损害的，赔偿权利人可以请求第三人承担赔偿责任，也可以请求雇主承担赔偿责任。雇主承担赔偿责任后，可以向侵权实施者追偿。据此，受害人即雇员可以请求雇主承担赔偿责任，也可请求侵权人承担赔偿责任，如果选择雇主为赔偿主体，那么在雇主承担赔偿责任后，就取得代位请求赔偿权，可以向侵权人追偿。雇主基于雇佣关系承担的是无过错责任，而第三人是基于侵权承担责任。该案属于是两种责任的竞合。

本案中，王某系公司雇员，在停车场工作时因履行职务被周某伤害。周某的行为显然已构成侵权，王某可以向其主张人身损害赔偿。王某的公司在整个案件中并没有过错，但基于双方之间的雇佣关系，王某也可以主张由公司承担赔偿责任。若公司承担赔偿责任后，周某对王某的赔偿责任消失，但公司有权向周某进行追偿。

· 律师支招 ·

雇主责任与第三人侵权责任竞合问题在现实中经常可以碰到，到底如何主张才能最大程度维护合法权益，权利人应当根据实际情况作出选择。

值得注意的是，当由于法律上或事实上的原因导致一个请求权无法实现时，赔偿权利人可以行使补充请求权向其他债务人主张权利。其他债务人的清偿范围，应以后案审定的标的额减去前案债务人已履行债务的余额为准。换句话说，雇员先起诉第三人的，如第三人赔偿额与雇主应赔偿数额之间仍有差额的，雇员可就该差额部分请求雇主赔偿。反之，如果雇主在履行赔偿义务后得知雇员已从第三人处获得赔偿，雇主可起诉雇员要求其返还不当得利。

· 法律链接 ·

《最高人民法院关于审理人身损害赔偿案件适用法律若干问题

的解释》

第十一条　雇员在从事雇佣活动中遭受人身损害，雇主应当承担赔偿责任。雇佣关系以外的第三人造成雇员人身损害的，赔偿权利人可以请求第三人承担赔偿责任，也可以请求雇主承担赔偿责任。雇主承担赔偿责任后，可以向第三人追偿。

《中华人民共和国侵权责任法》

第十六条　侵害他人造成人身损害的，应当赔偿医疗费、护理费、交通费等为治疗和康复支出的合理费用，以及因误工减少的收入。造成残疾的，还应当赔偿残疾生活辅助具费和残疾赔偿金。造成死亡的，还应当赔偿丧葬费和死亡赔偿金。

八旬老翁腿受伤　细心追究可赔偿

张老伯在人行道上摔倒，原因是人行道上道板破裂。张老伯为此四次住院治疗，花费了大量医疗费。但是，随同的妻子以及帮忙的路人都没有把现场情况拍照记录下来，这给他维权带来了障碍。如果找不到证据就无法替张老伯主张权益，难道他真的只能自认倒霉了吗?

·案情回放·

龙年新春，八旬老翁张老伯在家人的搀扶下一瘸一拐地来到上海市徐汇区法律援助中心，送来锦旗，感谢该法援中心和上海市申汇律师事务所於传宏律师帮助他摆脱了困境。

故事还要从2010年的一天讲起，84岁的张老伯与妻子一同外出，在路上不小心踩到了一块破碎的人行道板，脚下一扭，跌倒在地。这一跤让老人先后四次住院，并接受了内植钢钉固定手术，高昂的医疗费将老人压得喘不过气来。

居委会获悉此事后，除了上门慰问，还与徐汇法援中心取得了联系，希望通过法律途径帮助老人挽回损失。徐汇区法援中心工作人员本着“关心帮助困难老人”的宗旨决定给予老人法律援助，指派於律师为老人提供法律服务。

於律师详细了解了张老伯的情况后认为，人行道属于市政设施的一部分，其道板的铺设应当平整、牢固，方便众人行走。导致张老伯摔跤的人行道板破碎，有关管理部门作为市政设施的养护和管理人，疏于履责，未及时发现和修复，客观上给行人正常行走造成隐患，存在明显过错。但是，张老伯摔倒后的现场情况没有记录，这给诉讼举证带来了障碍。於律师经过认真调查了解到，张老伯的妻子当时拨打了“110”报警。於律师遂与派出所民警取得了联系，调取了当时的处警记录，为张老伯找到了有利的证据材料。

结合实际情况和证据材料，於律师认为，负责该路段的管理部门负有一定责任，遂代理张老伯向市政工程公司提出索赔要求。但该单位认为事发时未进行道路施工，且该路段不属于他们管理，他们没有任何责任，拒绝赔偿。

经过多方求证，於律师终于确定了某区市政和水务管理部门负责该路段的人行道板管理，遂向该部门提出索赔要求，希望通过调解来解决此次纠纷。但赔偿不是一厢情愿的事，该部门担心一旦老人获得赔偿款，会把责任全推到他们身上，以后还会纠缠没完。出于这种顾虑，责任部门仍然拒绝协商赔偿。无奈之下，张老伯只得将该部门告上法庭。法院进行了开庭审理，在确实充分的证据面前，责任部门终于同意在法院的主持下与老人进行调解，最终双方达成调解协议，张老伯获得了赔偿。

· 案件评析 ·

本案中，张老伯在散步过程中因踩到了一块破碎的人行道板摔倒受伤，这个在一般人看来纯属个人倒霉的事情，其实可以通过法律的途径保障自己的权益。

《最高人民法院关于审理人身损害赔偿案件适用法律若干问题的解释》第十六条规定了物件致人损害人身损害赔偿责任。该条款概括了三种物件致人损害的类型：(1) 人工构筑物致人损害。即道路、桥梁、隧道等人工建造的构筑物，因维护、管理瑕疵造成他人损害的情形；(2) 堆放物致人损害。即堆放物品滚落、滑落或者堆放物倒塌致人损害的情形；(3) 树木致人损害。即树木倾倒、折断或者果实坠落致人损害的情形。

本案中，道路上破碎的人行道板是造成张老伯受伤的原因，显然属于物件致人损害中人工构筑物致人损害的情形，受害人可以因此主张人身损害赔偿。为此，必须找到道路人行道板的管理方，这样才能找到合适的赔偿主体。

物件致人损害由所有人或者管理人承担赔偿责任。也就是说，人为构筑物维护、管理瑕疵致害的人身损害赔偿义务人是所有人或管理人，谁维护、管理致害的构筑物，谁就是赔偿义务主体，受害人可以向该所有人或管理人请求赔偿。如果构筑物因设计、施工缺陷造成损害的赔偿责任中，由所有人、管理人与设计、施工者承担连带责任。

本案中，由于某区市政和水务管理部门未及时修复其管理路段上破碎的人行道道板而致人损害，存在维护、管理瑕疵，故当张老伯主张人身损害赔偿时，该区市政和水务管理部门则成为赔偿义务主体。

· 律师支招 ·

公民遇事不要轻易自认倒霉，首先要看自己的合法权益是否受到了损害。

除了民法通则，在维护公民的合法权益方面国家还有不少的法律，如物权法、侵权责任法、消费者权益保护法等。因此当我们在遇到自己的合法利益受到侵害的各种事件时，要通过学法找到致害的原因，进而拿起法律的武器维护自己的合法权益。当然向律师等专业人士咨询，也不失为一个获得救济的有效办法。同时，也要注意两个问题：一是在发生事故时，在注意保留相关证据。在本案中，张老伯的妻子在老人跌倒后及时打“110”报警，为事后查明事件的真相起了重要的作用。(如能将现场情况拍摄下来及请在现场的目击证人出来作证更好)。二是进行维权时，要注意维权成本的大小，如维权成本大于维权所得，那也得不偿失。

· 法律链接 ·

《中华人民共和国民法通则》

第一百二十六条　建筑物或者其他设施以及建筑物上的搁置物、悬挂物发生倒塌、脱落、坠落造成他人损害的，它的所有人或者管理人应当承担民事责任，但能够证明自己没有过错的除外。

《最高人民法院〈关于审理人身损害赔偿案件适用法律若干问题的解释〉》

第十六条　下列情形，适用民法通则第一百二十六条的规定，由所有人或者管理人承担赔偿责任，但能够证明自己没有过错的除外：

（一）道路、桥梁、隧道等人工建造的构筑物因维护、管理瑕疵致人损害的；

（二）堆放物品滚落、滑落或者堆放物倒塌致人损害的；

（三）树木倾倒、折断或者果实坠落致人损害的。

前款第（一）项情形，因设计、施工缺陷造成损害的，由所有人、管理人与设计、施工者承担连带责任。

驱赶蜜蜂摔伤腿　费用承担成难题

有一首歌词中唱道："一只小蜜蜂呀，飞到花丛中，飞呀，飞呀……"听起来是鸟语花香般的美丽。然而，本案却因为"一只小蜜蜂呀，飞到房子里，飞呀，飞呀……"飞出一个人身损害赔偿案件。小蜜蜂惹出的祸，谁应当承担责任呢？

·案情回放·

老刘与老徐为同住一个小区的邻居，2000 年 6 月经人介绍，老徐家请老刘当司机。2005 年 6 月的一个中午，老刘送老徐的外孙女上学后，像往常一样在老徐家中待命出车，不料在躲避、驱赶飞进家中的蜜蜂时，摔倒在地致伤。随后，老刘被先后送往两家医院治疗，经诊断为左髌骨粉碎分离性骨折。老徐为老刘支付了诊疗费和住院费，但拒绝支付后期取钢钉的费用，经居委会多次协调，两人始终没能达成一致意见。老刘不得不来到上海市徐汇区法律援助中心寻求帮助。

老刘是失业人员，妻子也是下岗协保人员，儿子还在读高中，一家人主要靠他的收入维持生计，这样的不幸让老刘倍感压力。本来他在老徐家已工作了五年，一个小区上下班也很方便，大家相处也不错，他很希望通过协商解决纠纷。他曾三次以挂号信或快递的方式发函与老徐沟通，但都遭拒；万般无奈下只能申请法律援助。徐汇区法援中心经审查确认老刘符合法律援助的条件，为他指派了上海市康健法律服务所法律工作者王慕均提供法律帮助。

王慕均分析案情后认为本案的关键是原、被告之间是否存在雇佣关系。明确了雇佣关系，雇员在从事雇佣活动中遭受人身损害，雇主就应当承担赔偿责任。为此，王慕均走访了居民委员会。居委会证明事发当日，老刘接受老徐指示接送他的亲属，并在指定地点休息，等待再次发车。据此，王慕均认为事发时老刘在老徐指示范围内活动，老徐应当依法承担相应的赔偿责任。

庭审中，老徐辩称，案发当日老刘送完人后便在屋内待命，他在房屋内可休息亦可自由活动，当自己的家属听到老刘叫喊去查看时，发现老刘已坐在地上，并不知其如何受伤的。法律规定雇主承担赔偿责任的前提是雇员在从事雇佣活动时受伤，若老刘确因躲避蜜蜂受伤，则与其受雇从事的司机工作一职无关，故自己不应承担雇主责任。原、被告双方展开了激烈辩论，法院经审理后认为，老徐与老刘形成雇佣关系，并且他在受雇佣、付出劳动期间受伤，雇主应当依法承担赔偿责任，故判令老徐依法赔偿老刘的损失。

老刘如愿以偿地拿到了补偿款，他再次来到区法援中心，激动地拉着工作人员的手再三感谢，并送来了锦旗一面。

· 案件评析 ·

雇佣关系是指受雇人向雇用人提供劳务，雇用人支付相应报酬形成的权利义务关系。雇佣关系是雇主和受雇人达成契约的基础上成立的，雇佣合同可以是口头也可以是书面的。本案中，老刘为老徐提供开车服务，老徐向其支付相应的劳动报酬，由此可见双方已建立雇佣关系。

《最高人民法院关于审理人身损害赔偿案件适用法律若干问题的解释》第十一条规定：雇员在从事雇佣活动中遭受人身损害，雇主应当承担赔偿责任。雇佣关系以外的第三人造成雇员人身损害的，赔偿权利人可以请求第三人承担赔偿责任，也可以请求雇主承担赔偿责任。雇主承担赔偿责任后，可以向第三人追偿。

需要指出的是，雇主对雇员的赔偿责任虽为无过错责任，但并非雇主对雇员在完成受雇工作中的任何损害都承担责任。如果雇主能够证明自己具有免责事由，则可以不承担责任。在我国，关于雇主的免责事由尚无法律规定，但应当包括如下两项：(1) 不可抗力。我国《民法通则》第一百零七条规定："因不可抗力不能履行合同或造成他人损害的，不承担民事责任。"不可抗力作为一般免责事由，除法律另有规定外，在任何场合，都可以免除致害人的责任。如果雇员在完成受雇工作中，因不可抗力而遭受损害，雇主不应承担责任。(2) 受害人故意。任何人都应对自己的故意行为承担责任，受害人也不例外。所以，雇员在完成受雇工作中因自己的故意而遭受损害的，应由其自己承担责任，雇主不应承担责任。

· 律师支招 ·

本案中，对老刘和老徐之间存在雇佣关系双方没有异议，但对于老刘在驱赶和躲避蜜蜂的过程中受伤这一行为能否认定为在从事雇佣活动过程中发生，因双方分歧很大而成为本案的焦点。

《最高人民法院关于审理人身损害赔偿案件适用法律若干问题的解释》第九条第二款对什么是“从事雇佣活动”作出了明确的解释，它是指从事雇主授权或者指示范围内的生产经营活动或其他劳务活动。雇员的行为超出授权范围，但其表现形式是履行职务或者与履行职务有内在联系的，应当认定为“从事雇佣活动”。由此可见，认定是否从事雇佣活动要从两方面进行分析判断。其一，雇员执行的事务是否为雇主授权或指示范围内的活动；其二，雇员执行职务的行为在客观上与雇主指示办理的事件是否相一致。案例中老刘接受老徐的指示接送老徐的亲属，并在指定地点休息等待再次发车，应认为事发时老刘在老徐指示的范围内活动，应认定为从事雇佣活动，故法院依法判令老徐承担相应的赔偿责任。

· 法律链接 ·

《最高人民法院关于审理人身损害赔偿案件适用法律若干问题

的解释》

第九条 雇员在从事雇佣活动中致人损害的，雇主应当承担赔偿责任；雇员因故意或者重大过失致人损害的，应当与雇主承担连带赔偿责任。雇主承担连带赔偿责任的，可以向雇员追偿。

前款所称"从事雇佣活动"，是指从事雇主授权或者指示范围内的生产经营活动或者其他劳务活动。雇员的行为超出授权范围，但其表现形式是履行职务或者与履行职务有内在联系的，应当认定为"从事雇佣活动"。

第十一条 雇员在从事雇佣活动中遭受人身损害，雇主应当承担赔偿责任。雇佣关系以外的第三人造成雇员人身损害的，赔偿权利人可以请求第三人承担赔偿责任，也可以请求雇主承担赔偿责任。雇主承担赔偿责任后，可以向第三人追偿。

雇员在从事雇佣活动中因安全生产事故遭受人身损害，发包人、分包人知道或者应当知道接受发包或者分包业务的雇主没有相应资质或者安全生产条件的，应当与雇主承担连带赔偿责任。

隐病保姆猝然死 东家是否须赔偿

救护车的鸣笛声由远及近，救护人员抬着担架直奔老干部冯老家中，正当邻居们为冯老担心的时候，却发现担架上躺着的是他们家的保姆王阿姨……

·案情回放·

2007年8月，王阿姨经人介绍来到冯家照顾90岁高龄的冯老。王阿姨为人老实，做事勤快，深得冯老的喜欢。可没过多久，冯老细心的儿子却发现了王阿姨的异常，他好几次看见正在干活的王阿姨突然呼吸变得急促而困难，可当她跑回房间折腾一阵后又恢复到正常状态。这一异常举动引起了冯老儿子的注意，追问之下，王阿姨道出实情。原来，王阿姨患有严重的哮喘病，长期靠药物维持，当初担心被冯老家嫌弃，就有意隐瞒了自己的病情。得知真相的冯老一家当即要求王阿姨去医院诊治，并表示待其病情好转可再回来工作。王阿姨解释说，自己患病多年早已病情稳定，只要按时服药就没问题，自己经济条件困难很需要这份工作，恳求冯老一家将她留下。听王阿姨这么一说，想到眼下一时很难找到其他合适的保姆，冯家同意了王阿姨的请求，叮嘱她如有不适要及时就诊，王阿姨满口答应。没想到，事隔不久王阿姨再次哮喘病发作导致休克，冯家赶紧叫来救护车，便发生了案件开头的那一幕。送至医院的王阿姨经全力抢救，终因医治无效死亡。

王阿姨家人对其猝死原因心存疑惑，认为王阿姨患病多年病情一直较为稳定，过去在外打工不曾发生意外，为什么在冯家工作不久就出了问题？在他们看来，雇主冯家对王阿姨死亡负有不可推卸的责任。面对王阿姨家属的质疑，冯老一家也觉得冤枉，他们无法接受自己要对王阿姨死亡负责的说法。双方为此事多次理论，都不欢而散。

为讨一个说法，王阿姨家属来到上海市徐汇区法律援助中心申请法律援助，法援中心确认其符合受理条件接受了申请，指派律师为其提供法律帮助。援助律师接受指派后对案情进行详细的了解和研究，认为该案不同于一般人身损害赔偿案之处是没有明确的侵害人，法医鉴定也证明王阿姨系正常死亡。换句话说，要冯家对王阿姨死亡负主要责任没有法律依据。面对情绪激动的受援人，援助律师耐心地摆事实讲道理为其分析案情、解释法律规定。援助律师指出，从医院鉴定结论看王阿姨的死亡原因是突发哮喘病所致，与其从事保姆工作并无直接关系。王阿姨明知身患重病隐瞒病情继续工作，忽视了自己病情可能会发生严重后果，具有主观过错。冯家发现王阿姨病情后出于同情将其留用，并不能因此主张冯家对王阿姨的死亡承担主要责任，但根据法律关于雇主承担无过错责任原则，可以为其争取一定的补偿。通过援助律师的讲解和劝导，王阿姨家人终于平复心情理性看待本案，同意和冯老一家和解。带着受援人的期望，援助律师找到冯老一家进行协商，动之以情晓之以理地步步推进，希望他们从道义上考虑，给予一定的经济补偿。经过援助律师苦口婆心地劝说和协调，最终双方达成和解协议，冯老一家在补齐王阿姨工资后还支付了一定数额的抚慰金，一起棘手的赔偿纠纷终于圆满解决。

· 案件评析 ·

这是一起具有典型意义的新类型社会矛盾纠纷。这起纠纷的焦点在于雇主对保姆的猝死是否应该承担赔偿责任？

由于本案发生在2008年，该类型人身损害赔偿案件主要受《中华人民共和国民法通则》和《最高人民法院关于审理人身损害赔偿案件适用法律若干问题的解释》调整。根据上述法律规定，雇员在从事雇佣活动中遭受人身损害，雇主应当承担赔偿责任。可见，雇主在此承担的是无过错责任，即在雇佣关系中，无论雇主是否有过错，均应对事故承担一定的责任。本案中，王阿姨的死亡不是家务劳作所致，是疾病原因造成。从因果关系看，王阿姨隐瞒了自己有哮喘病史，且没有预料到病情有恶化的可能，从而导致病发而亡，其主观具有过错，应该承担直接责任。然而，雇主冯家在不知情的情况下将其录用，但在知道实情后仍然继续留用，证明雇主未尽到注意义务，存在过失。由此可见，雇主冯家对王阿姨的死亡也应当承担一定的责任。

值得注意的是，2010 年 7 月 1 日《侵权责任法》实施，其中对雇佣关系中的侵权责任承担作出了修改。该法规定，个人之间形成劳务关系，提供劳务一方因劳务造成他人损害的，由接受劳务一方承担侵权责任。提供劳务一方因劳务自己受到损害的，根据双方各自的过错承担相应的责任。可见，雇主的归责原则从原来的无过错责任原则变成了过错责任原则，也就是说，只有当雇主存在过错的情况下才承担责任，反之则无需承担责任。

· 律师支招 ·

家政服务—保姆进入家庭已成为一种较为常见的社会现象，现实中出现出越来越多的因雇佣关系发生的纠纷。特别是《侵权责任法》颁布实施后，打破了往日“雇员侵权，雇主买单”的传统理念，这既是法律的进步，也是对雇员提高自我保护的警醒。

雇员在从事雇佣活动中首先应当尽到自我注意的义务，明白自己因劳务受到损害时，雇主只有在有过错的情况下才承担责任。这意味着，该类损害赔偿纠纷中雇员的举证责任有所增加，雇员不仅要证明侵权行为和损害后果的存在，还要证明雇主过错。因此，雇员在遭受类似损害时，应当及时固定和收集证据，以免日后举证困难。

· 法律链接 ·

《最高人民法院关于审理人身损害赔偿案件适用法律若干问题的解释》

第十一条　雇员在从事雇佣活动中遭受人身损害，雇主应当承担赔偿责任。雇佣关系以外的第三人造成雇员人身损害的，赔偿权利人可以请求第三人承担赔偿责任，也可以请求雇主承担赔偿责任。雇主承担赔偿责任后，可以向第三人追偿。

《中华人民共和国侵权责任法》

第三十五条　个人之间形成劳务关系，提供劳务一方因劳务造成他人损害的，由接受劳务一方承担侵权责任。提供劳务一方因劳务自己受到损害的，根据双方各自的过错承担相应的责任。

病女术后夭折亡　律师细心巧帮忙

上海的医疗资源和医疗技术闻名遐迩，许多外埠的病人慕名前来求医问药。在茫茫的求医人流中，一户安徽普通人家经历了悲喜交加的情感历程。他们的“喜”从何来？“悲”又从何而降呢？

· 案情回放 ·

2008年5月的一天，一对安徽口音的中年夫妇来到上海市徐汇区法律援助中心，恳请工作人员为他们找一位擅长医疗纠纷诉讼的律师为死去的女儿讨回公道。看到这对面容憔悴的夫妻，中心工作人员立即端上茶水，向他们详细了解案情。

原来，他们的女儿方某2008年初体检时发现心脏有杂音。为查明病因，方某随后到上海某三甲医院进一步检查，被确诊为重度主动脉瓣狭窄、重度肺动脉瓣狭窄。医生建议其动手术，方某遂入院治疗，医生对方某进行了心脏主动脉瓣膜替换手术。术后，方某持续出现低烧状况，有术后感染现象，家属向医生反映后，医生为其进行了简单消炎治疗，但未做进一步处理。由于方某低烧持续不退，术后第八天医院为方某再行开胸手术，却未能挽救方某的生命。

一个鲜活的生命陨落，一场白发人送黑发人的人间惨剧发生。经历丧女之痛的父母认为是医院手术消毒不严、操作不当，术后未及时使用抗生素预防和抵抗感染；不重视病人陈述，延误了诊断和治疗，导致自己女儿死亡，应承担全部责任。院方则认为，手术操作符合常规，消炎处理也很得当，方某本身患有先天性主动脉根部狭窄，是其自身体质原因导致了最后的死亡，不是医生的责任。双方各持己见，无法达成一致。无奈之下，方某的父母想通过诉讼解决纠纷，然而家中原本贫困，高昂的手术费用更加重了她们的负担，聘请律师的费用无力承担。经人指点，他们来到了徐汇区法援中心寻求帮助。

法援中心经审查接受了方某父母的申请，立即指派了上海飞骋律师事务所张京华律师为他们提供法律帮助。张律师深知医疗纠纷的特殊性，这类案件通过调解解决的可能性相当低。只有医疗事故鉴定结论才是确定医院是否承担赔偿责任的决定性因素。张律师遂向区人民调解委员会提出申请，通过其委托医疗事故鉴定。这样既可以由医院垫付首次鉴定费用，也可免于先行缴纳诉讼费用，对当事人来说能减轻不小的经济负担。

鉴定机构经鉴定认为，患者死亡的原因是术后纵膈感染导致的主动脉根部假性动脉瘤出血，这是心脏手术后少见而凶险的并发症，现在医学科学技术条件下难以完全避免，早期诊断及治疗上确实存在一定的困难。医院在诊断、术中、术后治疗操作并无不妥，故不构成医疗事故。方某父母不服，向上海市医学会申请重新鉴定。上海市医学会维持了区医学会的鉴定结论，但在鉴定书上，鉴定专家提及了“医院与患者之间交流不够，术后尽早发现主动脉根部感染方面有待进一步提高”的分析意见。张律师根据以往的经验认为，有这样的措辞对于原告主张损害赔偿非常有利。

本案诉至法院，法院进行了开庭审理。庭审中，张律师不仅从法律法规角度，还从医学角度，综合分析了被告对方某的死亡负有不可推卸的责任。最终，法院在一定程度上采纳了张律师的意见，认为方某的死亡与医方的手术操作虽然没有直接的因果关系，但医院与患方沟通不够充分，术后尽早发现主动脉根部感染方面有待进一步提高，故判令被告对原告作出一定经济补偿，弥补原告因本案诉讼而遭受的损失。

虽然经济补偿不能挽回方某年轻的生命，不能弥补父母失去女儿的痛苦，但是，一起经过市区两级鉴定机构鉴定均得出不构成医疗事故结论的案件，最终能获得经济补偿，有赖于援助律师的兢兢业业，更体现了法律的公平公正。方某的父母对张京华律师的努力和徐汇区法援中心的帮助非常感激，送上锦旗以表心意。

·案件评析·

在医疗纠纷的案件中，医院方面是否承担赔偿责任除了是否构成医疗事故以外，如果存在医疗过错同样应当进行赔偿。

医疗事故是指医疗机构及其医务人员在医疗活动中，违反医疗卫生管理法律、行政法规、部门规章和诊疗护理规范、常规，过失造成患者人身损害的事故。

医疗过错是指医疗事故以外，由于医院在医疗行为中存在的过错行为，造成患者人身伤害的过错。如果医院方面的医疗行为不符合医疗水准，没有尽到注意义务，并且这一行为与损害后果存在法律联系，则医院方面应当按照侵权责任法的有关规定进行赔偿。

本案虽然发生了患者方某死亡的事实，但她的死亡并不是因为医疗事故，而是这种并发症在现在医学科学技术条件下难以完全避免，故不能认定为医疗事故。但鉴定机构认为"医院与患者之间交流不够，术后尽早发现主动脉根部感染方面有待进一步提高"，说明医院方面存在医疗过错，故基于公平原则法院最终判令医院承担了部分赔偿责任。

· 律师支招 ·

任何人都无法保证不去医院看病。由于疾病种类繁多，患者情形各异，医生责任心等的个体素质差异也较大，医疗损害的发生在所难免。

值得注意的是，在处理医疗损害时，如果要病员及家属举证证明医护人员在诊疗护理过程中存在过错，将使得不懂医学知识的患者及家属的举证困难重重，故《最高人民法院关于民事诉讼证据的若干规定》规定："因医疗行为引起的侵权诉讼，由医疗机构就医疗行为与损害结果之间不存在因果关系及不存在医疗过错承担举证责任”。明确了医疗事故争议诉讼的举证规则——举证责任倒置。由医疗单位和责任医护人员举证证明自己在诊疗护理过程中遵守各项规章制度，符合诊疗规范，不存在医疗过错。否则，应承担相应的民事责任。

患者在发生了医疗人身损害后果后，为了查明损害原因，首先要复制保管好自己的病历；其次就有关争议寻求专业帮助和鉴定；再次通过自行协商、医患纠纷调解委员会调解、民事诉讼等途径维护自己的合法权益，以求维权成本最小化，获得补偿最大化。

· 法律链接 ·

《中华人民共和国侵权责任法》

第五十四条　患者在诊疗活动中受到损害，医疗机构及其医务人员有过错的，由医疗机构承担赔偿责任。

第五十五条　医务人员在诊疗活动中应当向患者说明病情和医疗措施。需要实施手术、特殊检查、特殊治疗的，医务人员应当及时向患者说明医疗风险、替代医疗方案等情况，并取得其书面同意；不宜向患者说明的，应当向患者的近亲属说明，并取得其书面同意。

医务人员未尽到前款义务，造成患者损害的，医疗机构应当承担赔偿责任。

第五十七条　医务人员在诊疗活动中未尽到与当时的医疗水

平相应的诊疗义务，造成患者损害的，医疗机构应当承担赔偿责任。

第五十八条　患者有损害，因下列情形之一的，推定医疗机构有过错：

（一）违反法律、行政法规、规章以及其他有关诊疗规范的规定；

（二）隐匿或者拒绝提供与纠纷有关的病历资料；

（三）伪造、篡改或者销毁病历资料。

第五十九条　因药品、消毒药剂、医疗器械的缺陷，或者输入不合格的血液造成患者损害的，患者可以向生产者或者血液提供机构请求赔偿，也可以向医疗机构请求赔偿。患者向医疗机构请求赔偿的，医疗机构赔偿后，有权向负有责任的生产者或者血液提供机构追偿。

第六十条　患者有损害，因下列情形之一的，医疗机构不承担赔偿责任：

（一）患者或者其近亲属不配合医疗机构进行符合诊疗规范的诊疗；

（二）医务人员在抢救生命垂危的患者等紧急情况下已经尽到合理诊疗义务；

（三）限于当时的医疗水平难以诊疗。

前款第一项情形中，医疗机构及其医务人员也有过错的，应当承担相应的赔偿责任。

煤气中毒命保全　房东责任难推却

出租人交付房屋后，对于房屋的设备安全保障，始终负有法律上的义务；承租人搬进房屋以后，对于房屋的适租性要时刻关注。只有双方都把安全使用放在第一位，出租人和承租人才能各得其所，免生类似下面案件的事端。

·案情回放·

小徐是外地来沪的打工妹，与朋友小石租了房屋同住，并与房东刘先生签订了为期一年的租赁合同。没想到，房屋煤气设备老化造成煤气泄漏，致小徐和小石同时在租赁房中煤气中毒。两位姑娘立即被送往医院就诊，经抢救脱离了危险。然而，高昂的医疗费用让两个姑娘望而却步。仅高压氧舱一项就用掉了四五千元，这对每月收入才几百元的小徐、小石而言不堪重负。她们找房东协商赔偿问题，房东避而不见。两人又到当地人民调解委员会调解，终因双方提出的赔偿数额差距太大，无法达成一致。万般无奈之下，两位受害者找到了上海市徐汇区法律援助中心，希望得到帮助。

法援中心接受了两人的援助申请，指派上海润言律师事务所杨军、姚君骏律师承办此案。两位援助律师分析了案件的前因后果，发现本案的难点在于：第一，事故发生后，因忙着抢救中毒人员，现场的重要证据没能被及时固定下来；第二，房屋租赁合同是小徐与房东签订的，同住人小石并非合同的签订主体，这可能成为房东拒绝赔偿的抗辩理由；第三，两位受害人需要回东北老家继续治疗休养，分隔两地将会造成援助律师和当事人之间的沟通障碍。

由于调解无望，案件诉至法院。在审理过程中，房东刘某果然对小石的主体身份提出了质疑，认为小石不是租赁合同的一方当事人，无权提出赔偿请求；另外，刘某认为房屋煤气泄漏是承租人疏忽大意造成的，并不存在老化问题，故自己没有过错，因而拒绝赔偿小徐和小石的损失。为反驳刘某的观点，援助律师出示了煤气管理部门曾对承租房屋出具的一份煤气安全检查告知书，上面明确告知房屋权利人刘某，该房屋煤气设备老化，责令其配合整改。该证据证明刘某所谓无过错的说法根本没有依据。主审法官适时对双方进行调解，在证据面前刘某自知难逃责任，遂改变态度同意调解。经过长时间反复沟通，原、被告双方终于达成了调解方案，两位援助律师为远在家乡的小徐和小石挽回了经济损失。

· 案件评析 ·

本案中，刘某和小徐、小石为出租人和承租人的关系，双方之间订立的是租赁合同。合同是指当事人之间为设立、终止、变更民事关系经协商一致订立的书面契约。既然是契约，当事人双方必然既享有权利也承担义务。那么，出租人作为租赁合同的一方当事人负有哪些义务呢？

根据我国合同法的规定，出租人就房屋出租所承担的义务，除当事人另有约定之外，主要表现为两项义务：第一，出租人的“适租”义务，即出租人应提供符合约定租住条件的房屋给承租人居住。是否符合租住条件，主要是看房屋是否存在危及承租人、居住人或第三人人身、财产安全的隐患及该房屋附属设施是否符合合同约定。第二，出租人的“安保”义务，即出租人应对出租的房屋及其附属设施及时检查、维修。这意味着房屋出租后出租人并非对出租房可以不闻不问，必须保障承租人或居住人的居住安全和使用正常。

出租人承担法律责任的归责原则是过错责任原则，即出租人如果明知其出租的房屋及配套设施存在对人身安全、生命健康、财产权益的潜在危害因素，却既不采取维修、更换措施，亦不履行告知、说明等义务，放任危害后果发生，可以直接推定出租人具有过错，应负相应法律责任。

本案中，刘某作为出租人，负有保证出租屋设备安全的义务。刘某在明知煤气设备已经老化，存在安全隐患的情况下，未采取措施消除危险，违反了及时检修义务。故对承租人小徐和小石的人身损害后果应当承担赔偿责任。

·律师支招·

这起关于房屋出租人义务的典型案例，从中可以学到赔偿责任主体、归责原则、赔偿中的因果关系等法律问题，对日益增多的租赁房屋侵权赔偿案件具有借鉴意义。

近年来出租房内煤气中毒事件频发，租房安全不容忽视，不少来沪打工人员经济拮据，常租用租金便宜的房屋，而这些房屋大多设施陈旧，水管、电线、煤气管道等可能已老化存在安全隐患。本案房东刘某只行使收取租金的权利，不履行保证租客安全的义务，最终导致了煤气设施泄漏，使租客中毒住院，其疏于履行义务与租客受伤之间有一定因果关系，因此房东要承担相应的责任。

在我国，严格出租人的管理责任已成为一种立法趋势。出租人管理责任的严格，旨在解决日益增多的因出租人未尽适当管理的职责致使房屋存有安全隐患，侵害他人人身财产的事件，从源头上加强房屋安全管理。另一方面，要求出租人承担一定的管理责任，是以其享有收取租金的权利为基础的，根据权利义务相一致的原则，具有合理性。

·法律链接·

《中华人民共和国合同法》

第二百二十条　出租人应当履行租赁物的维修义务，但当事人另有约定的除外。

第二百二十一条　承租人在租赁物需要维修时可以要求出租人在合理期限内维修。

出租人未履行维修义务的，承租人可以自行维修，维修费用由出租人负担。因维修租赁物影响承租人使用的，应当相应减少租金或者延长租期。

医疗事故有鉴定　据理力争维权益

医疗纠纷案件是专业性很强的案件，出现人身损害的结果后，患者和医院双方往往各执一词。法律援助的律师除了具备专业的医疗知识以外，认真负责的办案精神也是不可缺少的。

·案情回放·

2006年3月的一天，小蒋来到上海市徐汇区法律援助中心，希望为自己的母亲讨回公道。

原来，小蒋的母亲沈某于2005年因胸闷、气促、心悸入住上海某医院治疗，被确诊为风湿性心脏病、二尖瓣狭窄、主动脉狭窄等。沈某入院后接受了二尖瓣瓣膜、三尖瓣瓣膜置换手术。术后患者接机械通气转入ICU，并于次日上午停用呼吸机改面罩供氧，在其尿量减少又利尿无效的情况下，医院给予其血液透析。血透过程中沈某出现呼吸困难，经抢救无效死亡。小蒋认为，是医院操作不当、用药不当导致了母亲死亡。其父亲在听闻妻子过世的消息后精神受到巨大打击，出现精神异常，被诊断为心因性精神障碍。沈某死亡后，其家属对医院的诊疗行为提出异议，但是院方认为自己没有责任，双方无法达成一致。

无助的小蒋来到徐汇区法援中心寻求帮助，希望用法律维护权益。法援中心审查后接受了蒋某的申请，指派上海中联鼎峰律师事务所徐曙明律师提供法律服务。鉴于医院方态度强硬无法达成协商方案，徐律师遂为蒋某向法院提起诉讼。

经法院委托，徐汇区医学会对该起事故进行鉴定，鉴定结论为：患者与该医院医疗争议构成医疗事故，属于一级甲等医疗事故，医方承担轻微责任。小蒋一家无法接受这个鉴定结论，遂向上海市医学会申请重新鉴定。市医学会鉴定后认为，沈某长期患有心脏病，随着时间推移及疾病演变加重，心脏扩大，心胸比例达 89% 极限，右心功能严重受损，有手术适应症，心衰引起的肺淤血，继发呼吸功能不全及肾功能受损而导致死亡。医方在患者尿液减少情况下施行床旁血液透析有指征，但对于高危患者应事先告知可能存在风险，取得患方知情同意后实施。在危重患者病情发生变化时，医方使用药物剂量偏大，虽在用药后近 5 小时血氧饱和度和血压未受到影响，但给治疗中拔管时机的掌握以及血液透析带来负面作用，与患者的抢救效果不佳存在一定因果关系。结论为沈某与医院医疗争议构成医疗事故，属于一级甲等医疗事故，医方承担轻微责任。

根据鉴定结论，原告要求法院按照《最高人民法院关于审理人身损害赔偿案件适用法律若干问题的解释》的有关规定判令医院承担赔偿责任。在事实面前，医院方面承认了自己的过错，但提出本案应适用《医疗事故处理条例》。法院经审理认为，医院的医疗行为经两级医疗事故鉴定机构鉴定，均认定医院存在过错且与患者的死亡存在一定因果关系，应当对患者死亡承担民事责任，故依据《医疗事故处理条例》判令医院赔偿原告的损失。

虽然失去亲人的痛苦无法用金钱来弥补，但是这起难度极大的医疗纠纷案件在法律援助中心和徐律师的辛勤努力下，尽最大可能为当事人维护了权益。受援人小蒋及其家人对区法援中心和徐律师的帮助感激不已，特意送来了锦旗。

· 案例评析 ·

本案中双方争议存在两个焦点问题：第一，医院的医疗行为是否构成医疗事故；第二，医疗事故的损害赔偿应当适用什么法律。

我们知道，是否构成医疗事故不是由患者或者医院来判断，只能通过医疗事故技术鉴定得出结论。本案中，患者家属和医院因是否构成医疗事故发生争议，故通过法院委托鉴定机构进行鉴定，并认定该起纠纷属于医疗事故。

在确认了纠纷性质后，接下来就是要明确法律适用问题。在我国，医疗事故损害赔偿和人身损害赔偿适用的法律并不相同。医疗事故损害赔偿案件适用的是《医疗事故处理条例》及配套的法规文件；人身损害赔偿案件则适用《中华人民共和国民法通则》和最高人民法院《关于审理人身损害赔偿案件适用法律若干问题的解释》的有关规定。本案系医疗行为导致患者死亡的医疗事故人身损害赔偿纠纷，故应当适用《医疗事故处理条例》，而不应适用最高人民法院《关于审理人身损害赔偿案件适用法律若干问题的解释》。

值得注意的是，2010 年 7 月 1 日实施的《侵权责任法》，对医疗纠纷处理的法律适用有了全新的诠释。《侵权责任法》实施以前，医疗纠纷分为三个类型，即医疗服务合同纠纷、医疗事故纠纷和非医疗事故的医疗损害赔偿纠纷。《侵权责任法》实施以后，医疗纠纷不再区分医疗事故和非医疗事故，其类型也由三种变成两种，即医疗服务合同纠纷和医疗损害赔偿纠纷。前者适用的法律没有变，后者则主要适用《侵权责任法》的相关规定。

· 律师支招 ·

医疗纠纷发生时，理性处理才能做到真正的自我保护。尽管医疗事故纠纷中采用的是“举证责任倒置”的原则，但及时复印封存病历资料对于患者而言非常重要。

发生医疗纠纷后，第一步需要做的事情是保管、复制或封存病历资料，法律术语叫“证据保全”。病历资料是医务人员在医疗活动过程中形成的文字、符号、图表、影像、切片等资料的总和，包括门（急）诊病历和住院病历，属于书证的一种。病历资料不仅可以证明医患关系的存在，也是全部诊疗过程的证明，是判断医院是否应当对患者的身体或健康受到的伤害承担责任的重要甚至是唯一的证据材料，在医疗纠纷的解决中作用至关重要。

· 法律链接 ·

《中华人民共和国侵权责任法》

第十六条　侵害他人造成人身损害的，应当赔偿医疗费、护理费、交通费等为治疗和康复支出的合理费用，以及因误工减少的收入。造成残疾的，还应当赔偿残疾生活辅助具费和残疾赔偿金。造成死亡的，还应当赔偿丧葬费和死亡赔偿金。

第五十四条　患者在诊疗活动中受到损害，医疗机构及其医务人员有过错的，由医疗机构承担赔偿责任。

好心借钱反遭打　农夫与蛇现实版

古代有个农夫与蛇的寓言。本案的债务人罗某对老姚不知恩图报反倒打一耙，年近六旬的老姚遭遇了一回农夫与蛇的现实版演绎……

·案情回放·

2006年1月，罗某称家里突发急事，遂向老姚借得人民币2000元，承诺第二个月初即还款。因双方平日关系不错，他们没有订立字据。眼看约定的还款时间已过，而罗某仍然没有动静，老姚便多次向罗某催讨，不料罗某矢口否认，拒不归还。2000元的数额虽不算太大，但对于丧失部分劳动能力、自家经济也并不宽裕的老姚来说，也不算小数目。2006年3月某日下午，老姚外出办事，路上巧遇欠债不还的罗某，老姚自然再次要求他还款。可存心抵赖的罗某不仅不归还借款，还动手殴打了老姚。受伤的老姚被立即送往医院治疗，后经司法鉴定，老姚的左手食指构成轻微伤。罗某故意伤害的行为造成了老姚的人身损害并构成伤残，上海市公安局徐汇分局依法对罗某做出了行政拘留五天的处罚决定。

好心借钱没好报，要债不成还被打。倒霉的老姚不仅借出去的2000元没要回来，被罗某殴打后还花费了2000多元的治疗费。这笔赔偿款的数额在旁人看来不算太大，但是，碰到罗某这样的“老赖”很难顺利拿到。果然不出意料，经多次协商，罗某始终不肯支付赔偿款。

万般委屈的老姚想用法律的武器捍卫自己的合法权益，于是向上海市徐汇区法律援助中心提出法律援助申请。法援中心审核发现，老姚系老年人，退休前因工伤事故致残，被鉴定为工伤六级，属于部分丧失劳动能力，家中经济条件非常困难。经过认真分析和审核，徐汇区法援中心决定就人身损害赔偿部分给予其法律援助，指派上海市达辰律师事务所叶竹影律师为其代理此案。

叶律师接受指派后，约见了受援人老姚，向他了解案情细节，并收集了与案件相关的证据，一纸诉状将罗某告上了法院，请求法院判决罗某支付老姚的各项损失。

在诉讼过程中，经过法院组织调解和教育，罗某最终改变了态度，双方经自愿协商达成调解协议。罗某不仅同意赔偿老姚的人身损害，还答应把欠款一并偿还。协议生效后，罗某如约履行了支付义务，老姚心里的石头终于放下。为感谢区法援中心和叶律师的真诚帮助，老姚向区法援中心赠送了锦旗。

· 案件评析 ·

本案包含了两个法律关系，即老姚和罗某之间的借贷关系，以及罗某侵犯了老姚人身权利的人身损害赔偿关系。只要有证据证明相关事实，老姚就可以获得法律的保护。然而他们之间的借贷关系存在证据瑕疵，所以碰到罗某这种“老赖”，老姚的维权道路不会那么顺利。

老姚借钱给罗某的行为，法律上称之为民间借贷。民间借贷是指公民之间、公民与法人之间、公民与其他组织之间的借贷行为。现实生活中，民间借贷大量存在，由此引起的纠纷也不少。有的民间借贷，未签订任何合同；有的虽然签订了合同，但内容不够详细和规范。在民间借贷中，经常会遇到欠债不还的“老赖”，不仅亲戚、朋友反目，更有甚者，债权人根本讨不回借款。那么，如何对付“老赖”呢？

首先，要坚持签订书面借贷合同或借据。法律规定，公民之间的借贷合同可以采用书面形式，也可以采用口头形式或其他形式。但民间借贷合同如果是以口头协议的方式订立，往往导致不少出借人因无法举证而丧失债权，使出借人的合法权益得不到应有的保护。鉴于此，民间借贷活动中，出借人尽量与借款人以书面的形式签订合同或借据。

其次，要遵守国家法定利率规定。《最高人民法院关于人民法院审理借贷案件的若干规定》第六条：“民间借贷的利率可以适当高于银行的利率，但最高不得超过银行同类贷款利率的四倍。超出此限度的，超出部分利息不受保护。”同时，借款的利息也不得预先在本金中扣除。

再次，要求借款人提供担保。民间借贷的借款人，有的偿还能力有限，即便有经济偿还能力，也尽量让借款人提供担保。出借人还应对保证人的担保能力进行必要的调查，看其是否切实可靠。

最后，要重视借款期限届满时的债权保护。我国法律规定，出借人请求债权保护超出诉讼时效，就得不到法律的保护。因此，如果约定的期限届满时，借款人确实无能力偿还借款和利息，出借人就应在履行期限届满之日起六个月内，要求保证人承担保证责任，无保证人的，则应在诉讼时效届满之前，让借款人出具还款计划。

本案中，老姚念及平日里和罗某关系较好，未要求其在借款时订立借据，这样正好给了像罗某这样的“老赖”死不认账的人可乘之机。虽然老姚最后通过其他举证追回了借款，但其所受的伤害却远远超出了事件本身。

· 律师支招 ·

债权人在民间借贷中要保障自己权益，在细节上要尤为注意。首要的是要注重完善借贷合同的条款。不管是成文的借贷合同，还是手写的借条，一定完善借贷合同的内容，不但要写明借款种类、币种、用途、数额、利率、期限等，还要写明还款的方式等内容。这样一旦发生纠纷，重要事项约定得一清二楚，面对如此的书证，“老赖”想赖也赖不掉，可以避免不必要的纠纷和麻烦。

· 法律链接 ·

《中华人民共和国合同法》

第二百条　借款的利息不得预先在本金中扣除。利息预先在本金中扣除的，应当按照实际借款数额返还借款并计算利息。

第二百一十一条　自然人之间的借款合同对支付利息没有约定或者约定不明确的，视为不支付利息。

自然人之间的借款合同约定支付利息的，借款的利率不得违反国家有关限制借款利率的规定。

《中华人民共和国担保法》

第二十五条　一般保证的保证人与债权人未约定保证期间的，保证期间为主债务履行期届满之日起六个月。

在合同约定的保证期间和前款规定的保证期间，债权人未对债务人提起诉讼或者申请仲裁的，保证人免除保证责任；债权人已提起诉讼或者申请仲裁的，保证期间适用诉讼时效中断的规定。

责任相当赔偿难　律师用心终圆满

一起交通事故，责任认定清楚，解决赔偿却耗时耗力。受害人顾某发生车祸后还失了业，面对高额的治疗费，顾某全家陷入了困境。鉴于肇事者郑某不愿意调解，顾某决定通过法律途径维护自己合法权益……

· 案情回放 ·

2008 年 11 月某日下午，外来务工人员顾某骑自行车经过某交叉路口时，与郑某驾驶的小客车发生碰撞，双方人员和车辆都有不同程度的损伤，经交警部门认定，该事故中顾某与郑某都存在疏忽且责任相当，为同等责任。双方对于交警部门的责任认定双方均无异议，但损害赔偿金额却迟迟无法达成一致。

顾某从外地来上海打工，文化水平不高，好不容易在工地上找到了一份工作。他上有 80 岁老人，下有读书的孩子，妻子没有固定的工作，一家人的生计全靠他一个人的微薄工资来维持。虽然工地工作很辛苦，但顾某吃苦耐劳，还经常主动加班加点以多拿加班费。可发生交通事故之后，由于请假时间较长，他被工地上的包工头解雇了。

为了维护自己的合法权益，顾某来到上海市徐汇区法律援助中心，希望能得到援助律师的帮助，早日拿到医药费等赔偿。法援中心了解顾某的困难境遇和事故原委后，立即为其办理了法律援助相关手续，并指派上海市华夏律师事务所叶竹影律师承办该案。由于人身损害赔偿的诉讼时效仅一年，叶律师急人所急，会见受援人后就抓紧时间帮其搜集、整理大量医药费单据、误工证明、交通费开销等相关证据，在此基础上拟订了一份民事起诉状，提交到人民法院。

在与法院、对方当事人的沟通过程中，叶律师感到通过诉讼解决纠纷不仅耗时长，且还要先垫付诉讼费用，不利于顾某早日拿到赔偿摆脱困境。与顾某商议后，叶律师决定再次尝试与郑某进行协商，争取以调解方式来要求赔付。叶律师耐心地与郑某多次磋商，摆事实、讲道理，分析利弊，尽可能缩小双方在赔偿金额上的差距，叶律师的苦口婆心让郑某知道了自己应当承担的责任，接受调解对自己和顾某而言是一个双赢的结果。最终，固执的郑某终于接受调解，在法院的主持下达成了调解协议，顾某很快就拿到了应有的赔偿金。

顾某对区法援中心和叶律师的帮助表示万分感激，再次来到区法援中心赠送锦旗。

· 案件评析 ·

交通事故人身损害赔偿纠纷的诉讼时效不同于普通民事案件的一般诉讼时效。

诉讼时效是指民事权利受到侵害的权利人在法定的时效期间内不行使权利，当时效期间届满时，人民法院对权利人的权利不再进行保护的制度。一般权利人向人民法院请求保护民事权利的诉讼时效期间为二年。按照《中华人民共和国民法通则》的规定，身体受到伤害要求赔偿的，诉讼时效期间为一年，诉讼时效期间从知道或者应当知道权利被侵害时起计算。

交通事故人身损害赔偿诉讼时效法律规定是一年，但诉讼时效从何时起算，是长期以来民事审判中颇有争议的一个问题，目前尚无定论。但倾向性观点认为，交通事故人身损害赔偿诉讼时效自治疗终结之日或损失确定之日起算。交通事故的受害人在治疗终结前还无法确定损失数额，而治疗时间依伤害情况有长有短，从权利被侵害时开始起算诉讼时效势必会导致受害人无法客观主张权利；从合理利用国家诉讼资源来看，治疗终结或损失确定之日开始起算诉讼时效有利于节省诉讼资源，否则一场交通事故会出现多次诉讼的情况，对权利人和义务人都是极大的累赘。

· 律师支招 ·

交通事故是指车辆在道路上因过错或者意外造成人身伤亡或者财产损失的事件。发生交通事故案件后，首先，要抢救人员、固定现场；其次，关注事故责任归属的认定，这是处理后续事务的依据；再次，双方当事人协商和解。如果不能通过调解的方式解决赔偿纠纷，需要提起诉讼的话，当事人必须完成举证责任。所以，保存好看病治疗的单据、误工损失的证据等尤为重要，当然聘请专业律师提供帮助和指导也是必要的，只有详细计算赔偿项目避免出现遗漏，才能使当事人获得足额赔偿。

· 法律链接 ·

《中华人民共和国民法通则》

第一百三十六条　下列的诉讼时效期间为一年：

（一）身体受到伤害要求赔偿的；

（二）出售质量不合格的商品未声明的；

（三）延付或者拒付租金的；

（四）寄存财物被丢失或者损毁的。

第一百三十七条　诉讼时效期间从知道或者应当知道权利被侵害时起计算。但是，从权利被侵害之日起超过二十年的，人民法院不予保护。有特殊情况的，人民法院可以延长诉讼时效期间。

· 刑事篇 ·

“锦旗”内容摘录：

“感谢政府感谢党　热情援助主公道”
“弘扬法律精神　无私援助大众”
“为民解忧　敬业正直”
“匡扶正义　为民服务　法律先锋”
“维法护法　情系民众”

伤害致死有疑云　减轻判处四年刑

故意伤害致人死亡的被告人陈某在法庭上当场认被害人李某的父母为干爹妈，两位老人抱着陈某哭成一团对法官说："我们虽然失去了亲生儿子，但是我们又找到了这个儿子，希望法庭从轻发落我们的干儿子……"这是一个什么样的案件呢？

·案情回放·

上海市公安局徐汇分局某日接到上海市某医院报案，称收治了一位重伤青年，该青年在与他人斗殴中被击伤，经抢救无效死亡。接到报案后，徐汇公安分局立即介入此案，经过侦查，案发第三天即将犯罪嫌疑人陈某捉拿归案。

审讯中，陈某对其加害行为供认不讳，向公安机关详细描述了案情经过。原来，陈某与死者李某是熟人，两人因琐事发生口角，经他人劝阻后双方仍不服气。两人相约到市中心某街心公园继续理论，情绪激动的二人动起手来。对峙中，陈某随手从工地上拾得一根木棒，连续两次敲击了李某的头部和右额部，李某于两日后死亡。经鉴定，李某是因外伤致颅脑损伤而死亡。公安机关侦查终结后将案件移送至检察院，检察院以故意伤害罪向法院提起公诉。案发时陈某不满18周岁，系未成年人，且案件性质属于恶性暴力案件，为保证司法程序的公正，人民法院依法通过法律援助为其指定辩护律师。

上海市徐汇区法律援助中心接到指定辩护通知后，为被告人陈某指定上海市达辰律师事务所叶竹影律师担任其辩护人。叶律师到法院阅卷了解案情后发现，根据我国刑法第二百三十四条："故意伤害他人身体……致人死亡或者以特别残忍手段致人重伤造成严重残疾的，处十年以上有期徒刑、无期徒刑或者死刑。"再结合刑法第十七条中对未成年人犯罪"应当从轻或者减轻处罚"的规定，陈某可能被判处十年以上有期徒刑。案件证据充分，陈某对犯罪事实供认不讳。表面看，这起事实清楚、证据确凿的案件可以盖棺论定了。但叶律师一想到陈某只有17岁，人生的旅途刚开始，因一时冲动要在牢狱中度过漫长的人生岁月，觉得实在可惜。叶律师到看守所里会见了陈某，陈某看起来并不像一个杀人犯，更像一个柔弱的书生。回忆起和被害人李某的过往，他不仅没有仇恨，反倒流露出友谊之情。陈某的异常举动，让叶律师产生了疑惑，为还原事实真相，认真维护陈某权益，叶律师决心对案子进行更深入了解。

叶律师第二次到法院翻阅卷宗，很快发现了两个问题。首先，陈某归案后主动地向公安机关交代了案情，并带领公安人员辨认作案现场，使公安机关在三天内对本案得以侦破。根据法律规定，陈某的行为应当被认定为自首，但检察院的起诉书未作认定。其次，李某的死亡存在疑点。案卷记载，陈某用木棒连续两次敲击李某的头部和右额部并未造成外伤，李某也无不适的感觉。当日两人便和好如初，还结拜为异姓兄弟，当日李某骑自行车离去。两天后，传来了李某在医院死亡的消息。这个细节引起了叶律师的注意，从打架到李某死亡中间间隔两天，这两天内究竟发生了什么事情？起诉卷宗中均无记录。那么，被害人的死亡是由于打架所致，还是有其他隐情呢？为找答案，叶律师对李某最后在医院就诊情况展开调查。病历记载，事发后李某因头痛到医院就诊，医生让其留院观察并进行静脉注射。第二天，李某因头部突发大面积出血经抢救无效死亡。但奇怪的是，从李某初次就诊到死亡期间的医药费单据看，都是用来购买医生开出的盐水类药物，没有一项费用是用于抢救治疗。为什么病历记载和实际缴费记录不符？带着这个疑问叶律师深入调查，发现是主治医生大意未对李某的病情做出正确的诊断和及时治疗，延误了最佳治疗时机。李某病情恶化后，医院也未予以重视和全力抢救，导致李某死亡。换句话说，医院抢救不及时也是李某死亡的原因之一。

这一重大发现使得原本貌似真相大白的案子突然间变得扑朔迷离。当叶律师将调查结果告知法院，立刻引起了法院和检察机关的高度重视。为查明案件事实，检察院以补充侦查为由，先后两次向法院提出延期审理。另一方面，叶律师带着陈某的托付找到了被害人李某的父母，向他们详细讲述了案件经过，并转达了陈某忏悔及希望出狱后赡养二老的心愿。深明大义的两位老人明白，儿子的死亡并不是陈某有意造成，还与医院抢救不及时有很大的关系。遂表示愿意化干戈为玉帛，原谅陈某。同时，在叶律师的帮助下，他们以医院抢救不及时为由，向医院提起民事赔偿诉讼，并最终得到十几万元的赔偿。

同时，陈某故意伤害案的审判工作也有了突破性进展。庭审过程中，检察院确认了陈某具有自首情节，不再坚持对其从重处罚。法院经审理认为，尽管医院存在过错，但李某的死亡和陈某的伤害之间存在直接因果关系，陈某已构成故意伤害罪。由于陈某犯罪时未满18周岁，是初犯，有自首情节，案发后交代态度较好，并进行了部分经济赔偿，故依法予以减轻处罚。法院量刑时还酌情考虑了辩护人的其他辩护意见，最终从轻判处陈某有期徒刑四年。

陈某在服刑期间，对叶律师的帮助表示感谢，并积极表现争取减刑。出狱后他兑现了诺言，替李某担负起赡养其父母的义务，这起故意伤害案有了一个温情的结局。

· 案件评析 ·

本案中，由于陈某的伤害导致李某重度颅脑损伤而死亡，医院未正确诊断和及时抢救虽然加速了李某死亡结果的发生，但最终造成李某死亡的原因仍然是陈某的伤害行为，两者之间具有刑法上的因果关系，因此，法院认定陈某构成故意伤害罪。

刑法上的因果关系，是指人的危害行为同危害结果之间存在的“因”与“果”的关系。在刑事审判过程中，危害结果发生后，要认定某人对该结果负责任，就必须查明他所实施的行为与该结果之间是否有因果关系。在实践中，危害行为与危害结果之间的因果关系，通常并不难确定。但犯罪情况复杂多样，有时某种危害结果的发生既有其内部原因，也有外部原因，有主要原因，也有次要原因，有直接原因，也有间接原因等。

本案中，陈某的击打最终导致李某的死亡，陈某的危害行为和李某死亡的危害结果之间存在因果关系，陈某因此要受到刑法的惩罚。但医院未及时救助的行为却加速了李某死亡这个危害结果的发生。所以，医院应当为自己的过失行为承担民事赔偿责任。

· 律师支招 ·

发生刑法意义上的犯罪行为后，首先要衡量的就是被告人的行为与危害结果是否存在因果关系，这对定罪量刑有着重要的影响，是追究行为人刑事责任的客观根据。

其次，刑辩律师责任重大。表面看一个刑事案件经过公安机关侦查、检察机关审查起诉后，辩护律师可以顺着办案机关的思路履行自己的辩护职责。然而，刑事诉讼的制度设计要求辩护人只为被告人提出有利的意见和材料，所以对于起诉书指控犯罪事实的核实和被告人具备的无罪、罪轻、减轻情节的掌握，是判断一个律师是否有责任心的基本要求。

最后，我国刑法以惩罚为手段，以教育为目的，所以，对于被告人的刑罚着眼于挽救其自新。本案就是一起成功的审判，不但维护了国家法律的正确实施，还使得被告人忏悔认罪重新做人。

·法律链接·

《中华人民共和国刑法》

第十七条　已满十六周岁的人犯罪，应当负刑事责任。

已满十四周岁不满十六周岁的人，犯故意杀人、故意伤害致人重伤或者死亡、强奸、抢劫、贩卖毒品、放火、爆炸、投毒罪的，应当负刑事责任。

已满十四周岁不满十八周岁的人犯罪，应当从轻或者减轻处罚。

因不满十六周岁不予刑事处罚的，责令他的家长或者监护人加以管教；在必要的时候，也可以由政府收容教养。

第六十七条　犯罪以后自动投案，如实供述自己的罪行的，是自首。对于自首的犯罪分子，可以从轻或者减轻处罚。其中，犯罪较轻的，可以免除处罚。

被采取强制措施的犯罪嫌疑人、被告人和正在服刑的罪犯，如实供述司法机关还未掌握的本人其他罪行的，以自首论。

第二百三十四条　故意伤害他人身体的，处三年以下有期徒刑、拘役或者管制。

犯前款罪，致人重伤的，处三年以上十年以下有期徒刑；致人死亡或者以特别残忍手段致人重伤造成严重残疾的，处十年以上有期徒刑、无期徒刑或者死刑。本法另有规定的，依照规定。

莽少女交通肇事　不起诉帮教为重

年轻人充满朝气，也难免充满稚气。莽撞之中常常会引发法律纠纷，家长作为未成年人的监护人应当负起监护的责任，不能懈怠，不能放任，否则子女的过错可能会让父母背上一辈子的债：侵权赔偿之债、良心折磨之债……

·案情回放·

2011年某日，小蔡在未取得机动车驾驶证的情况下，独自驾驶一辆沪牌轿车以时速约66公里的车速在市区机动车道内超速行驶。当其行至某医院门口处，与正在由西向东横过马路的行人孟某相撞，造成孟某跌地受伤，伤势严重，小蔡立即拨打110、120，并将伤者送医急救。后经复旦大学上海医学院法医学鉴定中心鉴定，被害人孟某因交通事故重伤致右侧颞叶硬膜外血肿，左侧大脑广泛挫裂伤，右侧颞骨、眶骨多发骨折。经交警队认定，小蔡负全部责任，且因其无证驾驶致他人重伤，已涉嫌构成交通肇事罪，后将案件移交检察院审查起诉。

犯罪嫌疑人小蔡系未成年人，在上海某台商子女学校读高二。案发前几个月刚自学开车，未经正规驾校培训，未取得驾驶证。案发后，小蔡的法定监护人向上海市徐汇区法律援助中心申请法律援助，希望得到律师的帮助。法援中心对小蔡的申请审核后认为小蔡的情况符合援助条件，遂为其指派了上海明伦律师事务所徐月英律师为其辩护。

徐律师对案情进行客观、全面分析后认为，如小蔡的家人愿意赔偿、取得被害人家属谅解，律师可为其做请求检察院不起诉的辩护，以达到教育为主、惩罚为辅的效果。与小蔡父母沟通后，发现他们有积极赔偿受害人的诚意。于是徐律师尽心尽力多次与被害人协商，最终小蔡父母向受害人家属赔偿七十余万元人民币，双方达成了和解。被害人家属还出具了谅解书，谅解小蔡的过失行为，请求司法机关对其从宽处理。

鉴于小蔡系初犯、偶犯，认罪悔罪态度好，案发后能够积极赔偿被害人的损失且得到谅解，还具有较好的监护和帮教条件，公诉机关最终采纳了辩护人的意见，对小蔡作出不起诉的决定。

公诉机关向小蔡宣布不起诉的决定后，徐律师忠告她，必须珍惜这次从宽的机会，不要因为交通肇事属于过失犯罪就满不在乎，一定要从中吸取教训、鞭策自己，走好今后的人生路。

· 案件评析 ·

交通肇事罪，是一种过失危害公共安全的犯罪，是指违反交通运输管理法规，而发生重大事故，致人重伤、死亡或者使公私财产遭受重大损失的，依法被追究刑事责任的犯罪行为。本案中，小蔡明知自己未取得驾驶资格仍然驾驶机动车辆致人重伤，且负全部事故责任，故应当认定已构成交通肇事罪。

不起诉，是指人民检察院对已构成犯罪，但依法不需要判处刑罚或可免除刑罚的被告人所作出的不提请人民法院审判而终结诉讼的处理决定。本案中，小蔡过失犯罪情节轻微，在肇事后及时施救，使被害人得到有效救治。治疗期间，小蔡及其家人关心被害人，积极赔偿，始终与被害人方保持良好的沟通，她的悔罪态度和诚意打动了被害人及其家属，最终取得了他们的谅解。综合上述情况，考虑到小蔡系未成年人，平时一贯表现良好等各方面因素，检察院作出了不起诉的决定。

· 律师支招 ·

又是一起未成年人犯罪的案例，小蔡因为无证驾驶致他人重伤的行为差点断送了自己的前程。虽然法律最终给予了小蔡一次重新做人的机会，但案件本身却值得我们深思。持驾驶证行驶机动车是法律的明文规定，未取得驾照就轻易上路，是对自己和他人生命的不尊重。作为父母，应当正确履行监护职责，教育好未成年人，让孩子有健康的心态面对学习和生活。未成年人在成长的阶段，缺乏对社会纷繁复杂现象的认知，更需要学校、家庭共同引导，帮助他树立正确的人生观和良好的价值观。其中家庭教育更为重要，未成年人犯罪，意味着家庭教育失败。父母一定要引以为戒，全力监管好自己的孩子，当他们迈入成年的行列时，能够肩负起家庭和社会的责任。

·法律链接·

《中华人民共和国刑法》

第一百三十三条　违反交通运输管理法规，因而发生重大事故，致人重伤、死亡或者使公私财产遭受重大损失的，处三年以下有期徒刑或者拘役；交通运输肇事后逃逸或者有其他特别恶劣情节的，处三年以上七年以下有期徒刑；因逃逸致人死亡的，处七年以上有期徒刑。

在道路上驾驶机动车追逐竞驶，情节恶劣的，或者在道路上醉酒驾驶机动车的，处拘役，并处罚金。

有前款行为，同时构成其他犯罪的，依照处罚较重的规定定罪处罚。

《中华人民共和国刑事诉讼法》

第一百四十二条　犯罪嫌疑人有本法第十五条规定的情形之一的，人民检察院应当作出不起诉决定。

对于犯罪情节轻微，依照刑法规定不需要判处刑罚或者免除刑罚的，人民检察院可以作出不起诉决定。

人民检察院决定不起诉的案件，应当同时对侦查中扣押、冻结的财物解除扣押、冻结。对被不起诉人需要给予行政处罚、行政处分或者需要没收其违法所得的，人民检察院应当提出检察意见，移送有关主管机关处理。有关主管机关应当将处理结果及时通知人民检察院。

一记老拳赔七千　惨痛教训记心间

乘坐公交车，与人起争执，不料当场挨人拳击，遭到人身损害，使得家境本就拮据的老张雪上加霜。他怎样才能维护自己的合法权益呢?

·案情回放·

2006年4月，上海市徐汇区法律援助中心接到某街道法律援助工作站的申请，请求为社区里享受最低生活保障的居民老张遭遇的意外伤害提供法律援助，法援中心当即指派热心负责的上海市华夏律师事务所叶竹影律师承办该案。

原来案发当日，老张在某公交站点因琐事与同在等车的詹某发生争执并相互扭打。詹某用拳头击打老张的面部，把老张打得面目全非。经送医院治疗，老张左眼眶内侧壁骨折、鼻骨骨折及左眼钝挫伤。法医学鉴定，老张已构成轻伤。

由于伤害程度已达到追究刑事责任的等级，徐汇区人民检察院认为詹某故意损害他人身体健康，致人轻伤，事实清楚，证据确凿，触犯了《中华人民共和国刑法》第二百三十四条第一款，依法应承担刑事责任，故对加害人詹某提起了公诉，指控其构成故意伤害罪。詹某虽然被起诉，老张却开心不起来，因为该事件不仅使老张遭受了肉体的伤害，也使其原本困难的家庭背负了更大的负担。老张和妻子都是享有最低生活保障的人群，儿子还在念初中，家庭本就经济非常拮据，为治病又花了很多医药费，无异于雪上加霜。

叶律师明白，对老张这个生活困难的家庭而言，获得足够的金钱赔偿用于治疗伤势，比追究詹某的刑事责任更为重要。刑事附带民事诉讼程序可以达到维护老张权益的目的，但耗费的时间较长，不利于经济困难的老张解决燃眉之急。而调解解决赔偿问题无疑是一个效率最高的解决方式，但却依赖于被告人詹某的配合。为帮老张早日获得赔偿，叶律师多次陪同他找詹某协商调解。民事赔偿如能调解成功，不仅可使老张尽快拿钱治病，自身利益得到实际维护，詹某也可因积极赔偿而获得法律的从轻处理。这种双赢的局面应该是老张和詹某都希望见到的。果然，在叶律师多次调解下，老张与詹某终于达成了调解协议。詹某向老张赔礼道歉并支付了医疗费和补偿款 7000 元，老张为詹某出具了谅解书，请求法院对其从宽处理。

叶律师的努力得到了老张和詹某双方的感谢，两个家庭的损失都降到了最低。因一记老拳而付出的代价也让詹某深刻体会到了“冲动是魔鬼”的教训。

· 案件评析 ·

本案中，老张因詹某的犯罪行为受到人身和财产的损害，在追究詹某刑事责任的同时，也可向詹某主张赔偿经济损失。该物质损害的赔偿既可通过提起刑事附带民事诉讼获得，也可以由加害人主动进行赔偿。

虽然加害人积极赔偿被害人的物质损失并不是法定从轻或减轻刑事处罚的情节，但是对于已积极赔偿被害人物质损失的，人民法院可以作为量刑情节予以考虑。最高人民法院《关于进一步加强刑事审判工作的决定》强调，对于刑事附带民事被告人积极赔偿被害人物质损失的，可以作为量刑情节予以考虑。该决定指出，对轻微犯罪以及初次犯罪、偶然犯罪、过失犯罪等主观恶性不深，人身危险性较小，有悔改表现，积极赔偿损失取得被害人谅解，不致再危害社会的犯罪分子，依法从宽处理，尽可能给予改过自新的机会；对具备条件的依法适用缓刑、管制、单处罚金等非监禁刑罚，配合做好社区矫治工作，加强教育、感化、挽救、改造，促进其重新回归社会。

可见，法院在审判刑事附带民事诉讼案件过程中，对于被告人真诚悔罪，积极履行损害赔偿义务，取得被害人谅解的，已将此情形作为从轻处理的酌定情节予以考虑。本案中，詹某的故意伤害行为，不仅使老张的身心遭到侵犯，经济上也蒙受了损失。事后詹某积极赔偿，取得了老张的谅解，也得到了法律的从宽处理，达到了双赢的结果。

·律师支招·

对于被告人积极赔偿被害人的物质损失而获得从轻处罚，社会上有些人不理解，认为这就是“花钱买刑”，怀疑“被告人积极赔偿被害人物质损失而获得从轻处罚”法律规定的正当性。有些被害人认为，既然是花钱买刑，就得出大价钱，否则免谈；而有些被告人认为，我既然花了钱，法院就得给予我一个较轻的处罚，不答应也不愿意调解；有的甚至在判决后认为没有达到从轻处罚的目的而到处上访告状，认为存在徇私枉法问题。

事实上，刑事案件，对被告人来说，只要证据充分确凿，犯罪事实清楚，法官肯定会依法定罪量刑，绝对不会讨价还价。但是如果被告人被判刑，往往就不愿再对被害人进行赔偿，某种程度上对被害人来说很不公平。在法律设定的范围内，鼓励被告人积极赔偿而获得从轻处罚，实际上是对被害人更好的保护，更大程度上体现了司法公正。

·法律链接·

《中华人民共和国刑事诉讼法》

第九十九条　被害人由于被告人的犯罪行为而遭受物质损失的，在刑事诉讼过程中，有权提起附带民事诉讼。被害人死亡或者丧失行为能力的，被害人的法定代理人、近亲属有权提起附带民事诉讼。

如果是国家财产、集体财产遭受损失的，人民检察院在提起公诉的时候，可以提起附带民事诉讼。

第一百条　人民法院在必要的时候，可以采取保全措施，查封、扣押或者冻结被告人的财产。附带民事诉讼原告人或者人民检察院可以申请人民法院采取保全措施。人民法院采取保全措施，适用民事诉讼法的有关规定。

第一百零一条　人民法院审理附带民事诉讼案件，可以进行调解，或者根据物质损失情况作出判决、裁定。

第一百零二条　附带民事诉讼应当同刑事案件一并审判，只有为了防止刑事案件审判的过分迟延，才可以在刑事案件审判后，由同一审判组织继续审理附带民事诉讼。

《最高人民法院〈关于刑事附带民事诉讼范围问题的规定〉》

第四条　被告人已经赔偿被害人物质损失的，人民法院可以作为量刑情节予以考虑。

丈夫冲动伤妻痛　挽救为主不诉讼

丈夫一时失控动手，造成妻子重伤。妻子进了医院，丈夫被警方立案，面临三至七年的有期徒刑。最终检察院对此案做出了不起诉的决定，这个结果是怎么做到的呢？

·案情回放·

2010年8月，上海市徐汇区法律援助中心收到徐汇区检察院的"提供法律援助意见书"，犯罪嫌疑人吴某因家庭经济困难，无力聘请辩护律师，希望徐汇区法援中心为其提供法律援助服务。

法援中心及时指派了办理刑事案件经验丰富的上海市申汇律师事务所於传宏律师承办此案。於律师及时与检察院沟通，了解案情，并且会见了犯罪嫌疑人吴某。原来吴某打伤了妻子龙某，事发不久，他被群众匿名举报。经鉴定，吴某的妻子构成了重伤。

为更好地维护受援人的合法权益，於律师了解了该伤害案件的前因后果：犯罪嫌疑人吴某与妻子感情一直很好。为给孩子更好的读书学习环境，吴某一家从安徽来到了上海。吴某曾在一家民工子弟学校当过老师，一向性情温和，没有犯罪前科。为赚更多的钱支撑起这个家，吴某与妻子一起做起了小生意。不过，要维持一家三口的生活还是不易。妻子龙某性情较急，与丈夫长期共同生活及做生意过程中，难免产生一些摩擦。案发当日，夫妻两人因为家中琐事发生了口角，吴某因不堪妻子的辱骂，一时气愤就向妻子的左侧腰部击打了一拳，没有料到，这一拳打得龙某脾脏破裂，她立刻疼痛倒地。吴某非常后悔，马上将妻子送往医院救治。面对闻讯而至的公安人员，吴某如实交代了上述事实。由于治疗及时，妻子脾脏切除脱离了危险。经鉴定，龙某的伤势已构成重伤。

吴某伤害妻子的行为涉嫌构成故意伤害罪，公安机关对此立案侦查，并在侦查终结后移送检察院审查起诉。没想到一场家庭矛盾竟然要使丈夫遭受牢狱之灾，本案的被害人、妻子龙某心有不忍，尤其想到治疗期间，取保候审的吴某对自己仔细护理、悉心照顾，使自己很快得以康复的情形，龙某欲挽救丈夫。在於律师的开导下，龙某认识到是自己过分的言辞刺激了丈夫才导致悲剧的发生，自己也有一定的过错，遂原谅了丈夫的伤害行为，并主动请求司法机关不要追究吴某的刑事责任。

检察院在综合考虑案件性质、吴某悔过态度、被害人请求等各项因素后，最终做出了不起诉的决定。

· 案件评析 ·

不起诉，是指人民检察院对公安机关侦查终结移送起诉的案件和自行侦查终结的案件进行审查后，认为犯罪嫌疑人的行为不符合起诉条件或没有必要起诉的，依法不将犯罪嫌疑人提交人民法院进行审判、追究刑事责任的一种处理决定。

不起诉分为法定不起诉、酌定不起诉和证据不足不起诉三种。

法定不起诉是指当法定不追究刑事责任的情形发生时，人民检察院应当作出不起诉决定；酌定不起诉，是指对于犯罪情节轻微，依照刑法规定不需要判处刑罚或者免除刑罚的，人民检察院可以作出不起诉决定；证据不足不起诉，是指对于补充侦查的案件，人民检察院仍然认为证据不足的，不符合起诉条件的，可以做出不起诉的决定。

本案犯罪嫌疑人吴某案发后及时送妻子去医治，自动投案交代自己罪行，加上夫妻以往感情良好的事实。根据法律规定，属于犯罪情节轻微的刑事案件，依照刑法规定不需要判处刑罚或者免除刑罚，所以，人民检察院作出不起诉决定。

· 律师支招 ·

本案是一起比较典型的家庭矛盾引发的伤害案件。对于家庭成员矛盾激化引起的犯罪、因被害方过错或者基于义愤引起的突发性犯罪，被害人及其家属对被告人已经表示了谅解的，应作为酌定量刑情节予以考虑。本案犯罪嫌疑人犯罪情节轻微，事后也取得了被害人谅解，可以依法从宽处理。对不需判处刑罚的，可以免予刑事处罚；对那些追究了刑事责任影响社会安定，而以调解解决社会效果更好的伤害案件，可以不捕人，也可免诉或不诉，以减少社会不安定因素，有利于当事人双方和解，化干戈为玉帛。这种理念取得了检察机关的认可，也得到了受害人及其家属的认可，最终挽救了一个家庭。该案件的处理结果，对今后类似案件的处理具有范例性，体现了人民内部矛盾案件的处理上原则性与灵活性的统一，也体现了我国目前大调解格局下以人为本的办案理念。

·法律链接·

《中华人民共和国刑事诉讼法》

第一百四十二条　犯罪嫌疑人有本法第十五条规定的情形之一的，人民检察院应当作出不起诉决定。

对于犯罪情节轻微，依照刑法规定不需要判处刑罚或者免除刑罚的，人民检察院可以作出不起诉决定。

人民检察院决定不起诉的案件，应当同时对侦查中扣押、冻结的财物解除扣押、冻结。对被不起诉人需要给予行政处罚、行政处分或者需要没收其违法所得的，人民检察院应当提出检察意见，移送有关主管机关处理。有关主管机关应当将处理结果及时通知人民检察院。

一念之差走弯路　父母伤心真糊涂

本是一名“最可爱的人”，满怀孝心想闯出名堂让父母过好日子，怎料当理想与现实碰撞，他选择了一条凶险之路，不仅赔上了青春和前程，还让年迈的父母承受了永远的伤痛……

· 案情回放 ·

小吴曾是一名好青年，当过兵，被授予“上等兵”军衔。退伍后家庭经济困难，他不忍让年迈的双亲务农养活自己，来到上海想闯一番事业。可文化程度太低的他始终没找到适合的工作，只能靠打多份杂工勉强维持生活，想赚点钱孝敬老家父母成了“空想”。没多久，小吴在酒吧帮工时认识了同样命运的陈某，为发横财，两人商量去偷钱。

经过几天踩点，他俩发现一个位置偏僻的小区里，有两名在娱乐场所上班的女性共同租住了一间房，晚上经常无人在家，是个理想的偷窃目标。在确定了作案目标后，小吴和陈某趁房主上班之际携带了折刀、插片等工具入室盗窃，窃得MP3一部和现金百余元。离开现场之后，两人想起被害人家有一张存折，于是心有不甘，再次返回屋内拿起存折，准备等两个女房客回家后逼问存折密码。次日凌晨，房客小罗下班回家，吴、陈两人采用捂嘴、捆绑手脚等手段，威逼罗说出存折密码，恰在此时，罗的室友游某突然回家，见状大声呼救，吴、陈两人慌忙逃离现场。女房客立即报警，公安机关根据小吴慌忙离开时留下的身份证等物，当天就将他捉拿归案。

在家务农的小吴父母听说儿子被抓后，不啻五雷轰顶。老两口怎么也想不通一直引以为豪的儿子怎么就会触犯法律。会不会公安搞错了？抓错人了？老人马上变卖了家里仅有的粮食，心急如焚地赶往上海，一路上历经波折，不舍得用盘缠以乞讨度日，希望省下的钱能为儿子请个好律师。老两口终于在法院开庭前赶到了上海，但在繁华的大上海，身上的钱维持日常生活都紧巴巴的，根本不足以聘请律师，在好心人指引下，他们一路摸索找到了上海市徐汇区法律援助中心，一进门老人老泪纵横地拉住工作人员的手，请求给予儿子小吴法律援助。

法援中心办妥了法律援助申请手续，联系上海市达辰律师事务所叶竹影律师提供法律援助。第二天，叶律师在看守所会见小吴时，告知其父母申请法律援助的情况，详细了解案情后又进行了法制教育。小吴听后，一方面为父母担忧，深感不孝；另一方面对法援中心的帮助表示感激，表示全力配合叶律师，主动交代案件的前因后果，争取减少刑罚，早日回归社会。叶律师把阅卷、会见小吴所了解的情况及时向老两口反馈，在事实、证据面前，老人再次流下了悲伤的眼泪，希望在律师帮助下，儿子能够迷途知返。

叶律师在庭审时指出，小吴有立功情节，是初犯，而且曾经当过兵、立过功，本性并不坏，只是因退伍后工作没有着落，一时起了邪念走上了歪道，请求法院从轻处罚。法院经过审理，认定小吴构成抢劫罪，判决对其减轻处罚。

判决生效后，小吴的父母又专程赶来上海，给区法援中心送来锦旗。二老泪流满面，他们感谢叶律师和法律援助中心。

·案件评析·

本案的法律焦点，就是小吴的行为为何由盗窃罪转化为抢劫罪。

盗窃罪和抢劫罪有本质区别，盗窃罪侵犯的是财产权，而抢劫罪侵犯的是人身权和财产权；盗窃罪是采取秘密的手段暗中窃取财产，而抢劫罪是当场采用暴力、胁迫或者其他方法，使财产所有者、持有者不能抗拒、不敢抗拒、不知抗拒或者丧失抗拒能力而劫之。

本案中，小吴和陈某犯罪过程中实际实施了两种行为，以离开犯罪现场后又返回为界限，前半段实施的是典型的入户盗窃行为，后半段实施的则是入户抢劫行为。尽管如此，却不能简单地认为两人既构成盗窃罪，又构成抢劫罪。小吴和陈某的犯罪是在实施抢劫后才完成的。因此，他们的行为应看成一个连续的犯罪行为，故应当从重认定为抢劫罪。

·律师支招·

刑事案件发生后，不管是被害人还是被告人都要弄清以下几个问题，这样才有助于维护自己的合法权益：首先，要明白行为人的行为是否构成犯罪，以及构成何罪。不构成犯罪的违法行为可以通过治安管理处罚处置，构成犯罪的启动刑事诉讼程序；其次，应当了解犯罪行为的性质。明白了犯罪属于何种性质，就可以依照我国刑法的规定对于审判结果进行预判；再次，应当综合考虑被害人蒙受损失的情况和被告人具备的影响量刑轻重的各种情节，这样才能不偏不倚地打击犯罪、维护当事人的合法权益。然而，刑事判决只是维护社会公平的手段，促使被告人悔过自新才是刑罚的根本目的。所以，公正的判决是被告人真诚悔过的前提。

·法律链接·

《中华人民共和国刑法》

第二百六十三条　以暴力、胁迫或者其他方法抢劫公私财物的，处三年以上十年以下有期徒刑，并处罚金；有下列情形之一的，处十年以上有期徒刑、无期徒刑或者死刑，并处罚金或者没收财产：

（一）入户抢劫的；

（二）在公共交通工具上抢劫的；

（三）抢劫银行或者其他金融机构的；

（四）多次抢劫或者抢劫数额巨大的；

（五）抢劫致人重伤、死亡的；

（六）冒充军警人员抢劫的；

（七）持枪抢劫的；

（八）抢劫军用物资或者抢险、救灾、救济物资的。

第二百六十四条　盗窃公私财物，数额较大的，或者多次盗窃、入户盗窃、携带凶器盗窃、扒窃的，处三年以下有期徒刑、拘役或者管制，并处或者单处罚金；数额巨大或者有其他严重情节的，处三年以上十年以下有期徒刑，并处罚金；数额特别巨大或者有其他特别严重情节的，处十年以上有期徒刑或者无期徒刑，并处罚金或者没收财产。

乞讨不成动贪念　法律有情被从宽

乞讨颇有吃嗟来之食的意味，所以，能够吃这碗饭的人必须脸皮足够厚。但是，厚脸皮也有界限，不能置法律于不顾。本案贺某脸皮厚得突破了法律界限……

·案情回放·

安徽妇女贺某在上海市某西餐厅门口向外国人乞讨时，趁其不备窃得被害人黑色背包，溜之大吉。包内有笔记本电脑、Ipod播放器等价值一万余元的物品。被公安机关抓获后贺某对其所犯罪行供认不讳，公安机关在其住处查获涉案赃物，并全部发还被害人。检察院指控贺某犯盗窃罪并向人民法院提起公诉。

贺某因家庭经济困难无力聘请律师，遂向上海市徐汇区法律援助中心申请法律援助。法援中心在确认贺某符合援助申请条件后，为其指派了上海市德尚律师事务所陈峰律师。陈律师接受指派后，立即查阅案卷调查取证，会见犯罪嫌疑人，并以辩护人的身份出庭辩护。

被告人贺某对公诉机关起诉指控的事实及罪名均无异议。辩护人从被告人主观恶性较小，认罪态度较好，系初犯、偶犯等多方面为其做了罪轻辩护，并建议法院对被告人从轻处罚，适用缓刑。

法院审理后认为，被告人贺某以非法占有为目的，秘密窃取价值人民币一万余元的财物，数额较大，已构成盗窃罪，应予处罚。公诉机关指控成立。鉴于被告人贺某能自愿认罪，且赃物被全部追缴等情节，酌情从轻判处贺某有期徒刑一年，缓刑二年，并处罚金人民币2000元。

贺某及家人知道案件结果后，非常激动，特意向区法援中心送来锦旗表示感谢，表示一定会遵守法律、法规，服从监督管理，接受教育，完成公益劳动，做一名有益于社会的公民。法律援助最终令贺某得到了切实的帮助，判处缓刑也保障了贺某全家的今后生活，对于一户困难家庭而言真可谓峰回路转。

· 案件评析 ·

贺某的行为已经构成犯罪，且事实清楚证据确凿，依法应当受到惩处；但是，我国刑法的原则是惩办与教育相结合。惩罚是手段，教育是目的。法院在以盗窃罪判处贺某有期徒刑一年的同时，综合考虑她自愿认罪，积极退赃，系初犯、偶犯等情节，认为使用缓刑不至于危害社会，最终判处缓刑二年。

缓刑，是有条件地不执行所判决的刑罚，属于刑罚的一种。缓刑适用需要满足以下法定条件。(1) 对象条件：原判刑期为三年以下有期徒刑或者拘役的犯罪分子；(2) 根本性条件：根据其犯罪情节和悔罪表现，认为适用缓刑不至于危害社会；(3) 限制性条件：犯罪分子不得是累犯和犯罪集团的首要分子。

缓刑的考验期限，是指对被宣告缓刑的犯罪人进行考察的一定期间。具体而言，拘役的缓刑考验期限为原判刑期以上一年以下，但是不能少于二个月。有期徒刑的缓刑考验期限为原判刑期以上五年以下，但是不能少于一年。缓刑考验期限，从判决确定之日起计算。

·律师支招·

任何人走上犯罪道路都是可恶的应当受到法律惩处的。但犯罪嫌疑人、被告人也有其合法权益，包括自我辩护权和委托辩护权，以防止出现冤假错案。错案的发生必然影响国家的司法公信力。即使对犯罪事实无异议的被告人也应当得到法律的公正判决，以促使他们悔过自新，早日回归社会。当被告人站到法庭上后，如何科罪量刑就成为能否体现司法公正的关键。像本案被告人的行为构成了犯罪，法虽不能徇情，但其情可悯，法院在量刑时充分考虑到被告人系初犯、偶犯，能真诚悔过并积极退赃，对被告人使用了缓刑，凸显了刑法“春风化雨”般的人文情怀。不是单纯的就案论案，而是着眼于刑法的原则即教育与改造罪犯。

· 法律链接 ·

《中华人民共和国刑法》

第七十二条　对于被判处拘役、三年以下有期徒刑的犯罪分子，同时符合下列条件的，可以宣告缓刑，对其中不满十八周岁的人、怀孕的妇女和已满七十五周岁的人，应当宣告缓刑：

（一）犯罪情节较轻；

（二）有悔罪表现；

（三）没有再犯罪的危险；

（四）宣告缓刑对所居住社区没有重大不良影响。

宣告缓刑，可以根据犯罪情况，同时禁止犯罪分子在缓刑考验期限内从事特定活动，进入特定区域、场所，接触特定的人。

被宣告缓刑的犯罪分子，如果被判处附加刑，附加刑仍须执行。

第七十五条　被宣告缓刑的犯罪分子，应当遵守下列规定：

（一）遵守法律、行政法规，服从监督；

（二）按照考察机关的规定报告自己的活动情况；

（三）遵守考察机关关于会客的规定；

（四）离开所居住的市、县或者迁居，应当报经考察机关批准。

无辜受害遭苦痛 司法救助解忧患

天有不测风云，人有旦夕祸福。吕某无辜遭受人身伤害，不但失去了健康，还得不到附带民事赔偿。如何解除他的忧愁呢？

· 案情回放 ·

2009 年平安夜，对于吕某来说是一生最难忘的日子，也是一生的痛……

案发当天，吕某与好友在某娱乐总汇歌舞厅玩，直至凌晨离开，却不想在娱乐总汇门口被两名男子用砍刀猛击头面部、双手、手臂、肩部，鲜血直流不能动弹。吕某被送往医院救治后经司法鉴定，吕某的伤势已经构成重伤。

让吕某想不通的是，自己与行凶者素不相识，为何遭此毒手？两名行凶者相继落网后，真相终于水落石出。原来事发当天，行凶者罗某也在吕某去的娱乐总汇歌舞厅玩，其间与一男子发生口角，产生了嫌隙。遂纠集黄某等人持砍刀在娱乐总汇门口等候蓄意报复。次日凌晨，罗某见吕某与朋友走出娱乐总汇时，误以为吕某即之前与其发生纠纷的男子，遂上前行凶。经对质，当日与罗某发生口角的并不是吕某。吕某就这样莫名其妙地成了报复的对象，一时间吕某遭受的精神和肉体痛苦难以忍受。

正当吕某及家人不知如何维护自己的合法权益时，上海市徐汇区法律援助中心送上了温暖。指派上海市华夏律师事务所叶竹影律师为吕某提供法律服务。

吕某受伤后一直在医院接受治疗，因伤势严重，经受了多次手术治疗，医药费高达10余万元，家庭背负了沉重的经济压力。经司法鉴定，吕某双手功能障碍、右上肢功能障碍、鼻尖畸形，已分别构成一个七级伤残和两个十级伤残。考虑到这种情况，叶律师建议吕某提起刑事附带民事诉讼。

被告人罗某和黄某对公诉机关指控的犯罪事实、罪名均无异议。法院开庭审理查明事实真相后认为，被告人罗某持刀不计后果地对他人身体实施伤害，手段残忍，致未成年的吕某重伤，予以从重处罚。被告人的犯罪行为导致被害人经济损失，被告人还应当承担相应的民事责任。

拿到法院的判决书，吕某感到又激动又无助，激动的是被告人终于被绳之以法，受到了法律的严惩，无助的是民事赔偿部分因为被告人没有偿付能力，吕某短时间得不到赔偿款。为了给吕某治病，家里花光了全部积蓄还欠了很多外债。吕某父母一筹莫展，母亲流泪不止，父亲也沉默寡言。吕某更是不知道以后如何面对自己的人生，他才18岁，手残疾了，脸上疤痕累累，以后的工作在哪里？以后成家是否有希望？前方的路何去何从……

当吕某在绝望的边缘徘徊时，徐汇区法援中心和检察院再次给吕某送来了温暖。通过司法救助行动，吕某获得了5万元的救济金，为他解了燃眉之急。各界的帮助让吕某一家很受感动，吕某说，他要用感恩的心去服务社会，相信明天会更好！

· 案件评析 ·

本案的法律焦点，就是刑事案件的被害人如何提起附带民事诉讼。

刑事附带民事诉讼，是指司法机关在确认被告人刑事责任的同时，附带解决被告人犯罪行为所造成被害人物质损失的赔偿问题所进行的诉讼。

附带民事诉讼以刑事诉讼成立为前提；刑事被害人是有权提起附带民事诉讼的原告人；附带民事诉讼的被告即刑事案件的被告人，附带民事诉讼的请求内容就是被告人的犯罪行为所造成的被害人的物质损失的赔偿。

本案中，被害人吕某的人身权利因被告人的犯罪行为受到侵犯，导致了一系列的物质损失，符合附带民事诉讼的条件，故吕某在刑事诉讼中附带提起了民事诉讼，也得到了法院的支持。

· 律师支招 ·

刑事附带民事诉讼，是刑事诉讼中一种维护被害人合法权益，使被害人尽快获得救助的法律制度。附带民事诉讼一般按照民事诉讼法的有关规定审理。被害人必须按照“谁主张、谁举证”的原则，向法庭举证证明被告人的犯罪行为给自己造成的物质损失，从而使自己的主张获得法院的支持。在相当一部分刑事案件中，因为被告人没有经济能力，受害人往往无法真正短时间得到赔偿款，被害人及其家属的合法权益经常无法得到切实的保障，也使得庄严的刑事附带民事赔偿判决书显得有些苍白无力。司法救助制度的建立给刑事附带民事诉讼开辟了一条绿色通道，让那些受到刑事伤害的被害人得到及时的医疗救治。

·法律链接·

《中华人民共和国刑事诉讼法》

第七十七条　被害人由于被告人的犯罪行为而遭受物质损失的，在刑事诉讼过程中，有权提起附带民事诉讼。

如果是国家财产、集体财产遭受损失的，人民检察院在提起公诉的时候，可以提起附带民事诉讼。

人民法院在必要的时候，可以查封或者扣押被告人的财产。

第七十八条　附带民事诉讼应当同刑事案件一并审判，只有为了防止刑事案件审判的过分迟延，才可以在刑事案件审判后，由同一审判组织继续审理附带民事诉讼。

《最高人民法院关于刑事附带民事诉讼范围问题的规定》

第一条　因人身权利受到犯罪侵犯而遭受物质损失或者财物被犯罪分子毁坏而遭受物质损失的，可以提起附带民事诉讼。

对于被害人因犯罪行为遭受精神损失而提起附带民事诉讼的，人民法院不予受理。

第二条　被害人因犯罪行为遭受的物质损失，是指被害人因犯罪行为已经遭受的实际损失和必然遭受的损失。

第四条　被告人已经赔偿被害人物质损失的，人民法院可以作为量刑情节予以考虑。

失足男孩未成年　真情挽救回校园

小薛是一名刚满16岁的花季少年，本该抓紧青春时光，为未来学习奋斗，可因交友不慎，缺乏法律常识，糊里糊涂地陷入了一场抢劫案……

· 案情回放 ·

2005年12月的一天下午，吉某、陶某等四人经预谋，携带自来水铁管至某学校附近。吉某、陶某要求小薛骗几个同学到学校附近的里弄以便他们实施抢劫，小薛不肯，吉某等人便威胁他，小薛感到十分惶恐。由于担心自身安全，只得按照吉某等人的安排将两个被害人骗至指定地点。随即吉某、陶某、李某、胥某四人采用持械胁迫的方法，劫得了被害人手机各一部。事后，吉某等将劫得的手机销赃后挥霍，小薛未分得赃款并主动投案自首。

案发后，上海市徐汇区法律援助中心收到徐汇区人民检察院未成年人刑事检察科发出的《提供法律援助意见书》，为犯罪嫌疑人小薛指定了上海市傅玄杰律师事务所宋薇律师为其辩护。宋律师接受指派后，立即查阅案件资料，会见犯罪嫌疑人，调查取证，并作为辩护人向检察机关递交了辩护意见书。

宋律师对公安机关指控犯罪嫌疑人小薛涉嫌抢劫的犯罪事实和定性无异议，但指出小薛的犯罪具有从轻减轻的法定情节。首先，小薛犯罪时未满十八周岁系未成年人，依法应当从轻或者减轻处罚；其次，犯罪嫌疑人小薛在共同犯罪中只起到辅助或者次要作用属从犯，依法应当从轻、减轻或者免除处罚；再次，小薛在犯罪以后自动投案如实供述自己的罪行，是自首，也应当从轻、减轻处罚；最后，小薛在本案中犯罪情节显著轻微。综合上述理由，辩护人认为，为教育、帮助和挽救未成年人，应对小薛免予处罚，故建议检察机关对小薛不予起诉。

宋律师恳请检察机关充分考虑其犯罪情节及法律规定，对小薛免予处罚，作出不起诉决定。检察机关充分考虑了宋律师的意见，根据对未成年人犯罪“教育为主、惩罚为辅”的原则，认为小薛犯罪时未满十八周岁，在共同犯罪中系从犯，犯罪后能主动投案自首，有认罪悔罪表现，依照刑法规定不需要判处刑罚，遂依法作出了不起诉决定。

徐汇区人民检察院对小薛送达了《不起诉决定书》，明确该决定书不进入人事档案，有条件地封存于司法机关，非经批准不得对外披露。小薛终于可以再次坦然地面对社会、面对生活，回归校园、重获新生。

· 案件评析 ·

我国对待未成年人犯罪坚持“教育为主、惩罚为辅”的原则，充分考虑犯罪的偶然性，犯罪后的可塑性及对他们今后工作和生活的影响，尽可能对他们从宽处罚。

对未成年人犯罪如适用不起诉，从以下几个方面考虑：一是犯罪情节轻微，依照刑法规定不需要判处刑罚或者免除刑罚的，人民检察院可以作出不起诉的决定，如防卫过当或紧急避险超过必要限度、造成不应有的损害的；犯罪预备或中止的；在共同犯罪中起次要或者辅助作用的；被胁迫、诱骗参加犯罪活动的；犯罪嫌疑人又聋又哑或盲人；过失犯罪的；在我国领域外犯罪、依照我国刑法应当负刑事责任、但在外国已经受过刑罚处罚的；可能判处三年以下有期徒刑的未成年人犯罪案件，可不起诉。二是对于有认罪悔罪表现，自我控制能力较强，能够抵制不良诱惑的未成年人犯罪也可以不起诉；三是对未成年人适用不起诉后，具备一定的监护条件和社会管理教育条件，使其不致再危害社会。

本案小薛犯罪时未满十八周岁，系未成年人。从犯罪情节上看，其在共同犯罪中只起到辅助作用，属于从犯，犯罪行情节轻微；从主观条件看，小薛犯罪后能主动投案，有自首情节；从客观条件看，小薛也具有家庭监护条件和社会管教条件。因此，检察机关最终作出了不起诉决定。

· 律师支招 ·

“未成年人”由于阅历与知识的储备有限，往往迷迷糊糊就走上了犯罪道路。本案的受援人小薛便是典型，在“犯罪”的那一刻浑然不觉。小薛对宋律师讲“我当时认为我没有抢东西，事情与我无关”，连受害人也未意识到小薛是实施抢劫者的一员，而把他当成“共同被抢的受害人”，只是这个“受害人”比较侥幸，身上没带财物，所以在“遭劫”时没有损失。事后，良心让小薛意识到，他的无知与怯懦，让他成为了“帮凶”。所幸的是，小薛经过此事已意识到自己的过错，愿意像个男子汉一样承担起责任。最有效的教育是“自省自纠”，最有效的帮助是“给予机会”。

“人谁无过？过而能改，善莫大焉。”援助律师愿意称这些未成年犯罪的孩子叫“受援人”，这是他们共同的名字，援助律师愿意忘记这些孩子真实的姓名，却希望这些孩子牢记这段惨痛的记忆，走过这段记忆，重新站立起来的你们还是社会不可缺少的一员。愿你们永留感恩与道德在心中，完美地走向自己大写的人生。

· 法律链接 ·

《中华人民共和国刑法》

第十七条　已满十六周岁的人犯罪，应当负刑事责任。

已满十四周岁不满十六周岁的人，犯故意杀人、故意伤害致人重伤或者死亡、强奸、抢劫、贩卖毒品、放火、爆炸、投毒罪的，应当负刑事责任。

已满十四周岁不满十八周岁的人犯罪，应当从轻或者减轻处罚。

因不满十六周岁不予刑事处罚的，责令他的家长或者监护人加以管教；在必要的时候，也可以由政府收容教养。

已满七十五周岁的人故意犯罪的，可以从轻或者减轻处罚；过失犯罪的，应当从轻或者减轻处罚。

《中华人民共和国刑事诉讼法》

第十五条　有下列情形之一的，不追究刑事责任，已经追究的，应当撤销案件，或者不起诉，或者终止审理，或者宣告无罪：

（一）情节显著轻微、危害不大，不认为是犯罪的；

（二）犯罪已过追诉时效期限的；

（三）经特赦令免除刑罚的；

（四）依照刑法告诉才处理的犯罪，没有告诉或者撤回告诉的；

（五）犯罪嫌疑人、被告人死亡的；

（六）其他法律规定免予追究刑事责任的。

第一百四十条　人民检察院审查案件，可以要求公安机关提供法庭审判所必需的证据材料。

人民检察院审查案件，对于需要补充侦查的，可以退回公安机关补充侦查，也可以自行侦查。

对于补充侦查的案件，应当在一个月以内补充侦查完毕。补充侦查以二次为限。补充侦查完毕移送人民检察院后，人民检察院重新计算审查起诉期限。

对于补充侦查的案件，人民检察院仍然认为证据不足，不符合起诉条件的，可以作出不起诉的决定。

第一百四十二条　犯罪嫌疑人有本法第十五条规定的情形之一的，人民检察院应当作出不起诉决定。

对于犯罪情节轻微，依照刑法规定不需要判处刑罚或者免除刑罚的，人民检察院可以作出不起诉决定。

人民检察院决定不起诉的案件，应当同时对侦查中扣押、冻结的财物解除扣押、冻结。对被不起诉人需要给予行政处罚、行政处分或者需要没收其违法所得的，人民检察院应当提出检察意见，移送有关主管机关处理。有关主管机关应当将处理结果及时通知人民检察院。

弟弟惹祸哥劝阻　挥刀失手被刑处

本是一对感情深厚的亲兄弟，哥哥却将弟弟砍成重伤导致其死亡。一夜之间，一个奔赴阎王殿，一个成为阶下囚。这对兄弟之间究竟发生了什么？

· 案情回放 ·

2008年的一个晚上，酒过三巡的哥哥王某和弟弟小刚、表哥蒋某在家附近的一家网吧上网。其间，小刚为图舒服，将双脚搁在电脑桌上，网吧老板见状劝其将脚放下，小刚便与网吧老板发生争执并打了起来，后被王某和蒋某劝阻并被强行拉出网吧。此时的小刚，由于酒精的作用，一不做二不休，不听劝阻仍吵着要回网吧继续闹事。王某阻拦不成，遂返回住处，取出一把砍刀刺伤弟弟右腋等处，造成他右腋部伤及右侧腋静脉致失血性休克死亡。王某到案后向公安机关如实供述了罪行，检察院以王某犯故意伤害罪向法院提起公诉。

犯罪嫌疑人王某系未成年人，依法应当为其指定辩护人。上海市徐汇区法律援助中心在接到指定辩护通知后，为犯罪嫌疑人王某指派了上海市君成律师事务所张笑声律师作为指定辩护人。张律师接受指派后，立即查阅相关案件资料，会见犯罪嫌疑人，并以指定辩护人的身份出庭辩护。

掌握和分析了案件事实和具体情节后，张律师认为本案的发生有其特殊性，是酒精作用导致的家庭悲剧。父母未尽到监管职责；被害人小刚有过错，与网吧老板发生争持且不服兄长管教；被告人王某无意伤害弟弟，拿刀只是为了吓唬弟弟，主观上没有伤人或杀害故意，在酒精的作用下没有预见到会砍伤弟弟并致其死亡的后果，主观上处于过失状态，故本案罪名的认定上以过失致人死亡更为确切。且王某系未成年人，到案后能如实供述罪行，认罪态度较好，故建议对被告人王某从轻减轻处罚。

法院经审理认为，被告人王某故意伤害他人身体，致人死亡，其行为已构成故意伤害罪，依法应当承担刑事责任。但被告人王某犯罪时不满18岁，且到案后如实供述，认罪态度较好，酌情从轻处罚。公诉机关的指控，事实清楚，证据确实充分，指控成立。张律师关于被告人王某构成过失致人死亡罪的辩护意见不能成立。其他从轻减轻辩护意见，予以采纳。最终，法院判决王某有期徒刑四年。

· 案件评析 ·

本案的法律焦点就是王某行为是故意伤害致死还是过失致人

死亡罪。

故意伤害致死与过失致人死亡，二者在客观上都造成了被害人死亡的结果，主观上对死亡结果都出于过失。区分二者的关键在于查明行为人有无伤害的故意。故意伤害致死以具有故意伤害为前提，过失造成的死亡后果，则是故意伤害罪的加重情节；过失致人死亡的行为人既无杀人的故意也无伤人的故意

由此可见，故意伤害致人死亡行为具有伤害他人身体的故意，而过失致人死亡行为中则没有伤害他人身体的故意。因此，区分二者的关键在于行为人主观上是否具有伤害的故意。

本案中，虽然客观上王某持刀造成弟弟小刚死亡的结果；但是，他主观上只具有故意伤害的故意（想以此教训弟弟）。故王某的行为符合故意伤害罪的主、客观要件，应当认定为故意伤害罪。

·律师支招·

王某的一时冲动，不但让自己受到良心的谴责，也给父母徒添双重悲痛。悲剧的造成，不仅因为王某文化程度低、个性易冲动，也是其父母未尽到监护义务、使其及被害人均处事不文明、不冷静的缘故。此案引起了广泛的社会关注，上海电视台“案件聚焦”全程报道，徐汇区法援中心也密切跟踪此案，此案的意义不仅在于如何重视青少年犯罪的和未成年人权益的保护，更多的是提醒人们应当教育青少年树立正确的人生观。

预防青少年犯罪比为他们犯罪后指定一个辩护律师要重要得多，也困难得多。在未成年人犯罪呈现数量攀升、性质趋恶的今

天，关注未成年人犯罪，完善社会机制，引导青少年树立法制观念、遵纪守法显得尤为必要。

相对而言，四年已经是较轻的刑罚，法院本着惩罚与教育相结合的原则对王某作出了判决。本案启迪广大青少年，在漫长的人生道路上，不论有多少冲突、挫折，都要冷静思考，妥善解决，心胸豁达。

·法律链接·

《中华人民共和国刑法》

第二百三十三条　过失致人死亡的，处三年以上七年以下有期徒刑；情节较轻的，处三年以下有期徒刑。本法另有规定的，依照规定。

第二百三十四条　故意伤害他人身体的，处三年以下有期徒刑、拘役或者管制。

犯前款罪，致人重伤的，处三年以上十年以下有期徒刑；致人死亡或者以特别残忍手段致人重伤造成严重残疾的，处十年以上有期徒刑、无期徒刑或者死刑。本法另有规定的，依照规定。

伪造倒卖怎定罪　依法判处有公平

钱不是万能的，但没钱是万万不能的。但是面对金钱的诱惑，真正能够熟视无睹的人并不多。本案的郎某就是倒在金钱泥淖中的一例。

· 案情回放 ·

郎某在上海某浴场上班，担任大堂副经理。浴场印刷并出售六种面额的浴资券，该券可以直接抵充相应数额人民币的消费，浴场有时按照面额销售，有时也会赠送给客户。2009 年 10 月份，郎某发现有客人使用伪造的浴资券消费，但是收银处并没有察觉。后来假券越来越多，可浴场对此并未重视。同时，郎某发现网上有浴场的浴资券出售，且销售情况很好。于是冒出了自己印制假券销售的念头。他认为自己作为浴场的大堂副经理，本就有机会拿到并使用店里的浴资券，即使出售伪造的浴资券也不会有人怀疑。

于是，郎某联系了老乡刘某，要刘某按照其提供的真浴资券为样本进行伪造，刘某遂伪造了印章和5万张浴资券。郎某在一千余张伪造的浴资券上加盖印章后，或由其本人或指使他人出售牟利得款人民币3万余元。

案发后，郎某被刑事拘留，他主动交代了作案经过并协助公安机关从其暂住地查获浴资券近4万张。公安机关侦查终结后将本案移送上海市徐汇区人民检察院审查起诉，检察院指控郎某犯伪造、倒卖伪造的有价票证罪，并向法院提起公诉。郎某向上海市徐汇区法律援助中心申请法律援助，法援中心审核后接受了申请，并指派上海市华夏律师事务所叶竹影律师为其辩护。叶律师接受指派后，立即查阅相关案件资料，会见犯罪嫌疑人、进行必要的调查取证等，并以辩护人的身份出庭应诉。

虽然被告人郎某对公诉机关起诉指控的事实及罪名均无异议，但是辩护人依法指出，首先，被告人郎某伪造的浴资券不属于刑法第二百二十七条规定的“其他有价票证”，其行为不构成伪造、倒卖伪造的有价票证罪；其次，如果被告人郎某伪造浴资券并予以出售的行为构成犯罪，那么，郎某出售其本人伪造的浴资券，其行为仅构成伪造有价票证罪；最后，被告人郎某系初犯、偶犯，主观恶性不深，社会危害性不大，且愿意退赔违法所得并赔偿被害人的经济损失，建议法院对其酌情从轻处罚。

法院经审理后认为，被告人郎某伪造的浴资券性质应当属于刑法第二百二十七条规定的“其他有价票证”，被告人伪造有价票证，又倒卖本人伪造的有价票证，其行为仅构成伪造有价票证罪。

· 案件评析 ·

本案争议的法律焦点，围绕两个问题展开：浴资券是否属于有价证券以及郎某的行为如何定性。

刑法规定的“其他有价票证”是指在性质上与车票、船票和邮票或者类似有关部门依法制售、管理，并向社会公众发放、销售的、具有一定的票面价额和价值、能在一定范围内流通、使用的票证。

本案中，洗浴中心是经过工商行政管理部门依法核准登记的合法经营单位，该公司印制的浴资券不违反工商行政管理部门、税务机关及物价部门的相关规定，该浴资券是向社会不特定公众发放，在本市正常流通、使用且具有确定面额的一种书面凭证，故应被视为刑法所规定的“其他有价票证”。

伪造、倒卖伪造的有价票证罪是属于选择性罪名，只要实施伪造、倒卖行为之一的，即构成本罪。其中，“伪造”是指无制作权限人仿照有效、真实的有价票证的形状、规格、色彩和图案等特征，使用描绘、复印、影印、制版印刷和计算机扫描打印等方法，非法制造的假有价票证，足以使一般人误认为真的有价票证的行为。“倒卖”是指行为人明知是伪造的有价票证而低价买入、高价卖出的行为。被告人郎某提供加盖公司印章的浴资券样本、指使他人伪造浴资券和公司钢印，并在伪造的浴资券上加盖伪造的公司钢印后予以出售。被告人郎某既伪造了有价票证，又倒卖自己伪造的有价票证，根据刑法重罪吸收轻罪原则，郎某倒卖假证行为被其伪造假证行为所吸收，倒卖行为系伪造行为的当然结果。因此，被告人郎某的行为仅构成伪造有价票证罪。

·律师支招·

郎某面对公司管理漏洞，为获取非法经济利益，置法律尊严于不顾，从事伪造、倒卖伪造有价票证的犯罪行为，最后身陷囹圄。虽然律师对他进行法律援助时，认真办案，保证了判决的公正。但是，他仍然要承担刑事责任。这个案件警示我们，每个人在面对利益诱惑时，必须把握好自己，坚守法律和道德的底线，做一个问心无愧的守法公民。

·法律链接·

《中华人民共和国刑法》

第二百二十七条　伪造或者倒卖伪造的车票、船票、邮票或者其他有价票证，数额较大的，处二年以下有期徒刑、拘役或者管制，并处或者单处票证价额一倍以上五倍以下罚金；数额巨大的，处二年以上七年以下有期徒刑，并处票证价额一倍以上五倍以下罚金。

倒卖车票、船票，情节严重的，处三年以下有期徒刑、拘役或者管制，并处或者单处票证价额一倍以上五倍以下罚金。